I0892506

EL TAROT EGIPCIO

Margarita Arnal Moscardó

EL TAROT EGIPCIO

EDICIONES OBELISCO

Si este libro le ha interesado y desea que lo mantengamos informado de nuestras publicaciones, escríbanos indicándonos qué temas son de su interés (Astrología, Autoayuda, Ciencias Ocultas, Artes Marciales, Libros Infantiles, Naturismo, Espiritualidad, Tradición) y gustosamente le complaceremos.

Puede consultar nuestro catálogo en www.edicionesobelisco.com

Colección Cartomancia y Tarot
El Tarot Egipcio
Margarita Arnal Moscardó

1.ª edición: noviembre de 2012
5.ª edición: septiembre de 2024

Maquetación: *Joan Rosique*
Diseño de cubierta: *Marta Ribón*
Corrección: *Sara Moreno*

© 2012, Margarita Arnal Moscardó
(Reservados todos los derechos)
© 2012, Ediciones Obelisco, S. L.
(Reservados todos los derechos para la presente edición)

Edita: Ediciones Obelisco, S. L.
Collita, 23-25. Pol. Ind. Molí de la Bastida
08191 Rubí - Barcelona - España
Tel. 93 309 85 25
E-mail: info@edicionesobelisco.com

ISBN: 978-84-9777-871-8
Depósito Legal: B-17.942-2012

Printed in China

Reservados todos los derechos. Ninguna parte de esta publicación, incluido el diseño de la cubierta, puede ser reproducida, almacenada, transmitida o utilizada en manera alguna por ningún medio, ya sea electrónico, químico, mecánico, óptico, de grabación o electrográfico, sin el previo consentimiento por escrito del editor. Diríjase a CEDRO (Centro Español de Derechos Reprográficos, www.cedro.org) si necesita fotocopiar o escanear algún fragmento de esta obra.

El límite de la ilusión es infinito porque es el alma quien la crea. Tú eliges la creación, el límite o la ilusión.

Caminé sin saber a dónde iba, fui en busca de una estrella que llegué a creer que no existía, de repente, la luz, el conocimiento, y yo sólo su instrumento.

Os ofrezco esta obra a tiempo de cerrar en la historia la página oculta del misterio que escondió el manejo del TAROT.

Y yo no hubiera podido ofreceros este resultado si no hubiera encontrado enemigos que deseaban mi fracaso y amigos que me ayudaron a llegar.

A todos gracias por recordarme lo imposible y posible de mí misma.

Especialmente gracias a Roger y Pol por su alegría. Y a Teresa y Ana por su fidelidad en mis horas de dudas.

Capítulo I

ORÍGENES DEL TAROT

Con esta introducción al «Egipto mágico» no pretendo hacer patentes mis conocimientos sobre la historia egipcia; nada más lejos de mi intención, puesto que esto es tarea de los historiadores o de los egiptólogos. Pero sí querría, antes de entrar en el tema de la interpretación del Tarot Egipcio, hacer un breve comentario sobre el momento religioso, mítico y social de la cultura que lo engendró.

De esta civilización, con cuyos orígenes aún se especula en nuestros días, pretendo destacar el aspecto mágico de su tradición hermética. Su análisis será un buen punto de partida para comprender la simbología del Tarot Egipcio en todas sus dimensiones.

LOS DIOSES EGIPCIOS

La sociedad egipcia fue dominada, más que cualquier otra, por las exigencias materiales y espirituales de la religión. Independientemente de lo que el hombre debía a sus dioses y a sus muertos, Egipto fue una tierra regida por un rey-dios, cuyos enormes templos y numerosos sacerdotes pesaron de manera decisiva sobre su vida política, social y económica. Cualquiera que sea el ángulo desde el que se examine el mundo de los egipcios, el hecho religioso se halla siempre presente.

Al principio existieron pluralidad de cultos, y las deidades estaban representadas por el cuerpo o la cabeza de un animal. Ra, Osiris, Isis, Amón y Horus son dioses de cuerpo humano pero con rostro de animal: Amón, con cabeza de ganso o de carnero; Horus, con cabeza de halcón; Anubis, con cabeza de chacal, etc. Se admitió que tales dioses se habían encarnado como el dios mismo. En Menfis, el toro Apis era Ptah; en Tebas, el carnero sagrado era Amón, pero en Elefantina era Khunum; en Fayum, el cocodrilo sagrado era Sukhos, etc.

El mismo dios era percibido desde diversos aspectos, del hombre al animal, pero un mismo símbolo animal podía aplicarse a dioses diferentes: así, la cabeza del halcón, que designaba ordinariamente a Horus, pudo ser llevada por Ra, cuando en el Antiguo Imperio el culto del sol «señor del universo» se asoció al culto del halcón Horus, protector de la dinastía.

Las creencias se conforman a partir de la búsqueda de la explicación de un Ser Primordial, el que existía antes de los comienzos del Todo. Este Ser (Sol-Ra) crea una pareja:

Shu:	dios del aire
Tefnet:	diosa del vacío

Shu y Tefnet tienen dos hijos:

Geb:	dios de la tierra
Nut:	diosa del cielo

Cuentan que en un principio los padres y los hijos estaban unidos en una línea horizontal, pero Shu levantó a Nut y la separó de su madre y hermano; por ello, Nut es la bóveda celeste que descansa sobre el horizonte.

Geb, su hermano, se enfrenta con su padre, y sus movimientos se identifican con los terremotos y las montañas.

Nut y Geb tienen a su vez hijos:

Osiris:	el Nilo
Isis:	el suelo fecundado
Seth:	el desierto

SOBRE EL SOL

El sol era un niño que nacía cada día, y su madre era Nut. El sol era Ra. Así, la nieta era a la vez la madre, porque el sol sale y se va cada día.

Viaje en barca del dios del sol. La pintura se encuentra en la tumba de Sennodjem, en Deir el-Medina.

Kheper significa «llegar a ser», y es un escarabajo pelotero que en su forma redonda recibe la adoración del sol que llegará a ser. *Atum* significa «no ser». Por todo ello, el sol fue concebido de tres formas:

Khepri:	al amanecer
Ra:	al mediodía
Atum:	al anochecer

Éstas eran las tres etapas de la vida (niño-hombre-anciano). Este ser de tres edades, cuyo origen era el sol, reinaba en la tierra y era el faraón. Sus reinados tenían contratiempos debidos a la serpiente Apofis, que era la personificación del mal, que luchaba contra Ra sin que éste lograra aniquilarla.

Así Ra comenzó a envejecer. Isis, gran maga, le tendió una trampa, una serpiente le mordió y le llenó de veneno. Entonces Ra contó a Isis el secreto de quién era. Por ello, los hombres se revolvieron contra él, y Ra tuvo que reunir a los dioses para pedirles ayuda. Nun, dios del caos, aconsejó a Ra que enviara a los hombres el ojo divino, el cual tomó la forma de diosa Hathor (la Poderosa). La matanza fue desenfrenada y el mismo Ra quiso detenerla; para ello fabricó siete mil grandes tinajas de cerveza roja que la diosa bebió creyendo que era sangre y cayó adormecida. Apofis, la serpiente, enfermó y se retiro a los cielos.

El dios Ra renunció a su triste gobierno y lo entregó a su hijo Shu, después de hacer las paces con los hombres. Geb, su sucesor, sufrió durante su reinado, y le sucedió Osiris, que murió asesinado por su hermano Seth. Su hijo Horus le sucedió y enlazó con las dinastías humanas de Egipto: los faraones.

A su vez, los sacerdotes egipcios interpretaban la historia de Egipto de una forma más metafísica: al principio sólo existía el agua, y en ella estaban los gérmenes de la vida que procedían del dios Nun, el caos. En el Nun vivía un espíritu indefinido que tenía la suma de las existencias futuras, el llamado Atum, quien, como no encontraba ningún lugar donde posarse, fundó en su corazón todo lo que existía. Salió del Nun y sus aguas, creó el sol que se diferencia del agua y se le llamó (al ser indefinido) Atum-Ra; entonces él formó las partes de su cuerpo (gran enéada), lo hizo expresando su pensamiento con la palabra y nombrando a los dioses. Por ello «ninguna cosa existe, si antes no ha sido nombrada». Los textos jeroglíficos hablan de Atum el creador por el corazón, pero su corazón se personifica en Thot, dios de la inteligencia y la palabra escrita, y la acción en el dios Horus, mientras que la justicia se personifica en la diosa Maat.

Evidentemente, las deidades egipcias fueron múltiples y dependían no sólo de la época sino del lugar, ya que el antiguo Egipto estaba dividido en tres partes. Cada una de ellas tenía sus propios dioses. A las tríadas se les atribuían parentescos entre ellas y según las uniones y agrupaciones de divinidades; los mitos y leyendas fueron igualmente modificados, pero esto fue más obra de los teólogos de los mayores santuarios que de una sintetización de tradiciones dispersas. En consecuencia, Egipto conoció varias leyendas sobre la creación del mundo; las tríadas más célebres y extendidas fueron:

Ciudad de Abydos:

Osiris hermano: Isis/Neftis/Seth
Osiris padre: Horus/Anubis

Osiris se casa con su hermana Isis, y tienen un hijo: Horus; también tiene un hijo con su otra hermana, Neftis: Anubis.

Sala hipóstila del templo de Sethi en Abidos.

Seth se casa con Neftis y quiere matar a su hermano Osiris, para usurparle el poder. Al segundo intento lo consigue; lo corta en cuarenta y tantos trozos y los esconde para que no pueda resucitar.

Osiris:	Considerado juez de los muertos. La resurrección. Está representado con cuerpo humano, corona de avestruz y brazos en forma de X.
Isis:	Diosa de la fecundidad. Está representada con cuerpo humano y cabeza de ibis. A veces toma forma de gato.
Horus:	Es el dios vengador. Está representado con cuerpo humano, cabeza de halcón y el disco solar sobre su frente.
Seth:	Dios de las tinieblas. Representado en forma humana, cabeza de animal con hocico largo y orejas puntiagudas.
Neftis:	Significa «señora del castillo». Es la que guarda las pertenencias. Representada con figura juvenil, y con un pan en la cabeza la mayoría de las veces; otras, con una cesta.
Anubis:	Dios embalsamador y bueno. Compañero de Thot en el Juicio Final. Representado con cuerpo de hombre y cabeza de chacal.

Ciudad de Tebas:

Amón	esposa: Mut
Mut	esposo: Amón
Konsu	hijo: Amón y Mut

Amón: Dios de la procreación. El muy secreto. Guarda las cosas secretas, mágicas. Representado con apariencia humana y cabeza de carnero.

Mut: Madre, fecundidad. Coronada con la corona del Alto y Bajo Egipto. Como divinidad de la guerra, se la representa con cabeza de leona o como un buitre.

Konsu: Dios lunar de las iluminaciones. Da respuesta a las preguntas. De apariencia humana, como un hombre apuesto. Otras veces, con cabeza de halcón y siempre con una corona de forma de media luna o bien en forma de disco solar.

Templo de Karnak, dedicado al dios Amón.

Ciudad de Menfis:

Pta	esposa: Sekmet
Sekmet	esposo: Pta
Nefur o Nefertem	hijo: Pta y Sekmet
Pta:	Tiene el poder de juzgar. Es la luz. Constructor del mundo. Inventor de técnicas y oficios. Con apariencia humana; a veces, en su representación, lo encontramos vendado como una momia.
Sekmet:	Diosa de la guerra. Apariencia de mujer con cabeza de leona coronada por el signo solar.
Nefur o Nefertem:	Hombre barbado que llevaba en la cabeza una flor de loto y dos plumas.

En otro aspecto, cabe destacar al dios Thot: dios de la sabiduría, maestro de las artes y las ciencias, padre de la doctrina hermética y de las palabras sagradas de la escritura jeroglífica. Lo representaban con cabeza de ibis y en sus manos una tablilla y un pincel como escriba de los dioses. Fue asimilado por la cultura griega como Hermes Trimegisto. Se le atribuyen cuarenta y dos obras, de las que destacaremos las más interesantes: la *Tabla Esmeraldina,* relato abstracto de la creación; el *Kibalion;* el *Pimander;* el *Asklepios;* la *Gimnástica;* el *Libro de Enoch,* y el *Libro de los muertos* o *de las moradas,* de contenido metafísico, que explica cómo salvar el alma de las pruebas de ultratumba.

El Nuevo Imperio asistió a la quiebra del sistema religioso y pensó resolver el problema mediante la elevación de un dios particular, entonces Amón de Tebas, al rango de dios universal. El gran sacerdote de Amón se convirtió en el segundo personaje del mundo egipcio, verdadero ministro de cultos, administrador de inmensos dominios, y jefe de un clero cada vez más numeroso e influyente. Inquietos, los faraones trataron de desarrollar una política nueva, renovando el culto solar y destruyendo las prerrogativas del gran sacerdote de Amón. Amenofis IV quiso solucionar de forma radical este conflicto, esencialmente político, imponiendo una religión de carácter monoteísta. El faraón quiso cambiar también la vida religiosa y tradicional. Atón, disco solar cuyos rayos terminados en manos representaban el signo de la vida, se convertía a partir de entonces en el dios de ámbito universal y todopoderoso. Este dios neutralizaba la acción de los demás dioses.

Jamás estuvo Egipto tan cerca del monoteísmo como bajo la acción de este soberano, místico y poeta. El fuerte clero de Tebas combatió duramente la nueva religión monoteísta, a la cual barrió en poco tiempo.

Nuevamente Amón consiguió su poderío y lo acrecentó por medio de sus oráculos. Se confió en la magia, que permitía escapar a las obligaciones presentes, y en los animales sagrados, que eran dioses de carne y próximos al hombre. Cuando un animal se tenía por sagrado, se consideraban también sagrados los demás de la misma especie; y cuando moría el dios que él representaba, buscaba otro animal de la misma especie en el que renovar su encarnación. Ello explica la enorme cantidad de animales embalsamados (desde el mono hasta el abejorro) que han aparecido en las tumbas excavadas en la roca o en la arena, alrededor de sepulturas humanas.

En los alrededores de Sakkara se ha encontrado tal cantidad de gatos embalsamados que los campesinos de la región los han aprovechado como abono durante muchos años. Actualmente en el país del Nilo, el gato es todavía sagrado. Quizás este amor hacia ellos provenga de que mantienen a raya a escorpiones y serpientes, y cazan ratas y ratones. También el gato-faraón, parecido a la marta, se enfrentaba, si llegaba el caso, al cocodrilo, y por esto era considerado sagrado.

Los monos babuinos eran también animales sagrados, y los egipcios antiguos los representaban siempre como adoradores del sol. Un egiptólogo inglés descubrió en un barranco, cerca de Tebas, una tumba llena de monos momificados.

En ciertas regiones se consideraban también sagrados otros animales tan poco atractivos como las serpientes y los cocodrilos. Sin duda, sería el miedo lo que mantuvo tal consideración. En la célebre gruta de los Cocodrilos, a poca distancia de Tell el-Amarna, se han encontrado millares de momias de cocodrilo.

Pirámide de Zoser, en Sakkara.

Quien mataba un animal sagrado, deliberadamente y con intencionalidad, debía pagar el crimen con su vida. Cuando un romano mató un gato involuntariamente, el vecindario del lugar se amotinó; tomó por asalto la casa donde residía el *asesino* y le apaleó hasta dejarlo sin vida.

Las ofrendas naturales que debieron de cesar un día con la extinción o el olvido de los descendientes, fueron sustituidas poco a poco por escenas pintadas o esculpidas que, a través de la magia simpática, habían de proporcionar a los muertos elementos para sustentarse, vestirse y entretenerse durante la eternidad, y para que el difunto pudiera prolongar las actividades que había desarrollado en vida. A esas mismas representaciones se unían, además del mobiliario fúnebre que siempre había acompañado al difunto, estatuillas cuyo nombre egipcio significa «sustitutos»: eran pequeños servidores de madera o arcilla a los cuales la eficacia de las fórmulas mágicas había de convertir en obreros, criados o servidores reales que permitieran, una vez llegado al otro mundo, descargar sobre ellos los trabajos que Osiris imponía quizás a los que gobernaba.

La idea que los egipcios tenían sobre la composición del hombre abría paso a la creencia en los fantasmas. Para ellos un hombre estaba formado por un cuerpo físico, o *Khet,* doble del alma o *Ba;* un espíritu llamado *Khu;* y el alma en vida que le daba la individualidad, o *Ka.* Cuando el cuerpo físico moría, la sombra se alejaba de él y sólo podía volver al cuerpo a través de una ceremonia mística: el doble vivía en la tumba con el cuerpo físico, y era visitado por el alma que vivía en el cielo. El alma tenía un aspecto material, al igual que el doble, o *Ba.* Creían que el *Ba* participaba de los ofrecimientos fúnebres (comida, bebida) y apreciaba el olor del incienso que se le ofrecía, por lo que era capaz de revivir todas las sensaciones que había disfrutado en la tierra; las escenas de su vida eran pintadas o esculpidas en las paredes de las distintas cámaras de su tumba; todo ello se realizaba con el propósito de que el *Ba* se encontrara bien acomodado en su nueva morada y no tuviera la necesidad de salir al exterior en busca de provisiones o de visitar a sus familiares. En algunos textos sagrados encontramos referencias de visitas realizadas por el fantasma de algún difunto a sus familiares, o que habían sido vistos por los alrededores del lugar. Así nos lo demuestra el grabado hallado en el templo del dios Khonsu, en Tebas.

Este grabado nos relata cómo conoció el faraón Ramsés II a la hermosa hija mayor del príncipe Bekhten, con la cual se casó. Trascurridos quince años, el príncipe Bekhten envió a Ramsés II un mensajero en busca de ayuda para su hija menor, la cual estaba poseída por un demonio. Ramsés II envió un sacerdote que no obtuvo resultado alguno; cuando el faraón se enteró, fue al templo de Khonsu-Neferhetep y suplicó al dios que dejara a Khonsu ir a librar a la hija de Bekhten del demonio que la poseía. La petición fue aprobada y se envió una estatua del mismo dios con poderes mágicos, acompañada de cinco dioses más. Después de una ceremonia mágica, la princesa sanó. El príncipe Bekhten, cuando vio el poder del dios Khonsu, no lo dejó regresar a Egipto. Un día el príncipe consultó a sus sacerdotes acerca de un sueño desagradable que había tenido respecto del dios Khonsu, y le aconsejaron que dejara marchar al dios hacia Tebas.

La interpretación de los sueños también formaba parte de las convicciones mágicas. Pensaban que los dioses manifestaban su voluntad a través de los sueños. Aquellos sacerdotes que mostraban su habilidad para interpretarlos tenían reservado un sitio de honor en la administración del Estado.

En el British Museum se hallan papiros en los que se citan diversas fórmulas para conseguir visiones, en los sueños, que revelen el futuro. Así, por ejemplo, si querían soñar con el dios Bes, debían hacer un retrato del dios, envolver la mano izquierda con una tira de ropa negra consagrada a Isis, y escribir una invocación a los dioses pidiéndoles ayuda. Los egipcios ya practicaban el arte de la astrología. Creían que la vida del hombre dependía de la hora de su nacimiento hasta tal punto que, según nos narra la historia, cuando Olimpias estaba a punto de dar a luz al gran Alejandro, Nectanebo le suplicaba que se contuviera hasta que los cuerpos celestes estuvieran en posición favorable; una vez llegada la hora propicia, y mientras la tierra temblaba y el cielo relampagueaba, dijo: «Oh, reina, ahora darás a luz a un gobernador del mundo».

También alimentaban supersticiones sobre los días fastos y nefastos marcados en su calendario (datos astronómicos han permitido calcular que entró en vigor en el año 4241 a. C.), el cual informaba al pueblo sobre la realización de rituales tales como construir una casa, encender el fuego, recibir desconocidos y un largo etcétera. El papiro Sallier IV nos relata el motivo por el que el día 19 del mes de Thot era considerado de buena suerte: aquel día el dios Ra contemplaba la Tierra conmemorando el día en el que «la llama de la vida» fue arrojada sobre quienes perseguían el barco que trasportaba el sepulcro de los dioses.

La creencia de los egipcios sobre la pervivencia del alma en el más allá los llevó al perfeccionamiento de las técnicas de momificación para asegurar la trasmutación en el mundo de los muertos.

Para la momificación, extraían las vísceras del difunto, y bañaban el cuerpo en ciertas sustancias para su conservación; seguidamente lo rellenaban con torundas impregnadas de aroma y resinas y, por último, procedían al vendaje y la ornamentación según el rango social. El cadáver era introducido en un sarcófago y trasladado hasta la tumba donde depositaban las ofrendas: comida, amuletos, ídolos, etc.

En el interior de las tumbas había representaciones pictóricas con escenas de la vida diaria y otras de significado metafísico, junto con papiros y textos como el *Libro de los muertos,* que explicaban cómo se podían

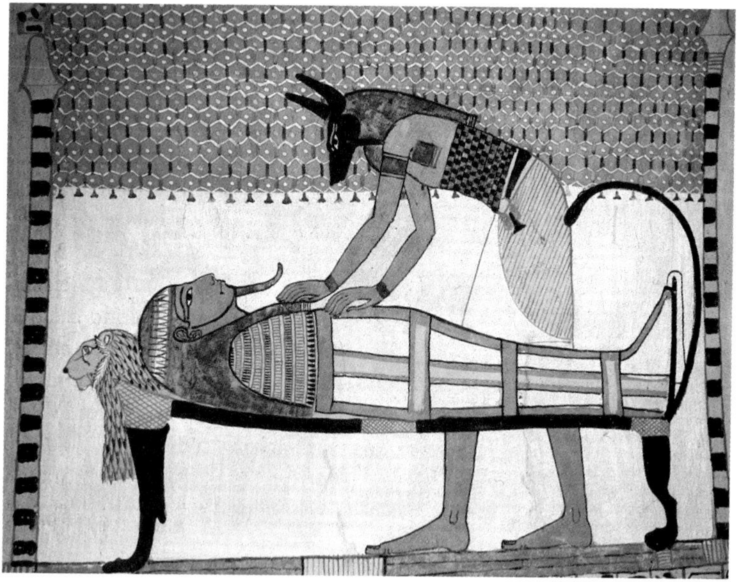

El dios Anubis, protector de los cadáveres, en la tumba de Sennodjem, en Deir el-Medina.

atravesar las regiones intermedias que separan el mundo de los vivos del reino de Osiris.

En las pinturas halladas en el sarcófago de Sethi I, está representado el Duat, o mundo de ultratumba, con un semicírculo dividido en doce partes que representan las doce horas de la noche (desde las seis de la tarde hasta las seis de la mañana); cada una de estas horas se identifica con sendas estancias que deberá atravesar el alma venciendo los obstáculos que se interpongan, para demostrar su valor y su pureza espiritual. Si triunfa, entrará en la mansión de Osiris; si fracasa, se quedará en la mansión de Sekher o «reino de las tinieblas» donde no volverá a ser escuchado por nadie; es la soledad eterna.

El alma era recibida por Anubis y conducida en la barca de Ra a través del Nilo subterráneo hasta la puerta del Duat. Después de recorrer la montaña Occidental, entraba en los reinos celestiales, donde debía efectuarse el juicio de Osiris, en la hora sexta del Duat.

Ante Osiris, el alma hacía la «confesión negativa» de cuarenta y dos pecados, diciendo la verdad. Cada uno de ellos correspondía a un dios frente al que se justificaba. Al término, se procedía a la pesada del corazón del difunto en el platillo de una balanza; en el otro platillo había la pluma de la verdad de la diosa Maat. Si el corazón pesaba más, el alma se hallaba a salvo; el dios Thot, escribano de los dioses, lo proclamaba, y Osiris ordenaba que lo dejaran marchar adonde quisiera y al lado de los dioses.

Si el corazón pesaba menos que la pluma de la verdad, el alma era condenada al tormento del Amenti: el infierno; allí era devorada y se reencarnaba en animales; sólo el esfuerzo y el arrepentimiento hacían reemprender el lento camino hacia la humanización.

LA EVOLUCIÓN DEL TAROT

El Tarot Egipcio es un jeroglífico compuesto por múltiples símbolos cuyo estudio nos introduce en las verdades universales que reflejan el paso del hombre, entre la humanidad, por la Tierra y el cosmos. A partir de este principio, el estudio del TAROT nos da la respuesta a los interrogantes del hombre como ente individual. Por ello los símbolos representados abarcan diferentes aspectos de las materias ocultas.

Al buscar los orígenes del Tarot para encontrar su esencia, llegamos inevitablemente a la cultura egipcia, donde la escritura fue esencial para trasmitirnos los principios en los que se fundamenta el ocultismo tradicional. Utilizaban la escritura bajo tres formas: la jeroglífica, utilizada para copiar textos religiosos sobre piedra; la escritura sagrada o hierática, para escribir sobre hojas de papiro, y la escritura demótica, que correspondía al idioma popular. Fue Jean-François Champollion en su traducción de la Piedra de Rosetta quien nos dio la clave para comprender los jeroglíficos.

Su veneración por los dioses, perfectamente identificados en los jeroglíficos a través de los signos y su concepto de don divino otorgado por el dios Thot, creador de la escritura, los llevó a mantener un sistema complejo (de ochocientos jeroglíficos y veinticuatro consonantes) durante siglos, sin intentar simplificarlo para no ofender a los dioses.

Los antiguos egipcios deseaban que las generaciones futuras tuvieran constancia de sus conocimientos, para ello escribían sus proezas en los templos (en los muros y en los zócalos de las estatuas). En el Imperio Nuevo, los templos importantes poseían la «casa de la vida» donde se redactaban los libros de los dioses y las obras científicas de la época, y la «casa de rollos de papiro» donde se hallaban las copias.

Los escribas debían tener un gran dominio sobre la compleja escritura, ellos no siempre hallaban los textos íntegros para copiar y a veces completaban los que habían hallado fragmentados. En algunos textos aparecen notas referentes a tradiciones antiguas que dan testimonio de la antigüedad del texto.

Las obras más antiguas hacen referencia al descubrimiento de un libro de contenido divino y de carácter mágico atribuido al dios Thot. El poder de este libro mágico es nombrado reiteradamente a lo largo de toda la antigua literatura egipcia. Nos cuenta la leyenda que este libro de setenta y ocho láminas de oro fue arrojado al río Nilo en el interior de un cofre por considerar el dios Thot que los hombres no estaban preparados para descifrarlo y convertirse en dioses.

El dios Thot creó este libro para trasmitir todo su saber sobre el principio y fin de la vida a los hombres sabios, pero sólo «aquel que descifrara los jeroglíficos podría alcanzar el poder». La leyenda nos habla de un pasadizo subterráneo utilizado por los sacerdotes en cuyas paredes se hallan los setenta y ocho jeroglíficos a la espera de un ser «sabio» que los descifrara.

Existe un cuento egipcio escrito en demótico, del siglo III a. C., que habla de este libro mágico y divino, la continuación del cuento se escribió trescientos años después y describe a un hijo de Ramsés II, Jaemuese, al que llaman Setna, como sacerdote de Pta en Menfis, considerado sabio sacerdote y gran mago. Relata su búsqueda incansable del libro de Thot, que contiene los secretos más sagrados del conocimiento, pero cuya posesión significa la maldición para finalmente morir. Aun así, para poder ver su contenido, Jaemuese busca y finalmente encuentra el libro en la tumba de Naneferkaptah. Éste se había apoderado del libro después de robarlo, pagando con su vida y la de su familia. El espíritu de Naneferkaptah reta a Setna a jugarse la propiedad del libro. Setna pierde tres veces consecutivas, pero utiliza sus artes mágicas para apoderarse del libro cerniéndose sobre él la maldición. El espíritu de Naneferkaptah envía una horrible pesadilla a Setna para que rectifique y le devuelva el libro. Finalmente Setna decide no enfrentarse al poder de Thot y lo devuelve.

La tradición nos revela que el Tarot y el famoso libro de Thot son en realidad el mismo tratado, escritos en lenguaje hermético, y que tan sólo los elegidos serán capaces de descifrar. Su mensaje universal es una fuerza que sabiamente manejada confiere poder material, con permiso de los dioses, donde el hombre sabedor del pasado, presente y futuro pide permiso para cambiar el destino.

Representación de los dioses Thot y Horus, purificando al rey, antes de su entrada al templo de Karnak.

El cartucho reproducido en láminas de papiro se convierte en cartas. A través de los siglos, su interpretación ha sufrido trasformaciones pero su significado básico ha permanecido en ellas. Se aseguraron de que fuera así para que el inconsciente pusiera en funcionamiento su potencial sensible de captación del pasado, presente y futuro.

Se cree que el Tarot como medio de trasmisión de conocimientos y detonante psíquico de las facultades paranormales (intuición y clarividencia), fue creado por los ocultistas de la Antigüedad para evitar que se perdieran los conocimientos (astrología, magia, simbología, numerología, etc.), y que de este modo prevaleciera sobre generaciones futuras.

Los distintos mazos de Tarot manifestaban las épocas en que fueron concebidos; un tarot del siglo XVI es diferente en simbología aunque en esencia sea el mismo que otro del siglo XVII. El país donde fue creado y su momento histórico queda reflejado en la mayoría de las ocasiones.

Ciertamente, el juego de azar ha acompañado al Tarot durante muchos siglos. Este hecho ha causado cambios en la baraja tradicional produciendo pérdidas, como los ochos o alguna figura.

En las correspondencias simbológicas del Tarot Egipcio, aparentemente no está el as de oros, pero sí está representado en significado en la carta n.º 23, el Comienzo, que significa época de buena suerte en ganancias además de otros matices que enriquecen su significado.

Las figuras sota, caballo, rey y reina también se encuentran, aunque sus nombres no sean tales. El motivo único por el que los Tarots fueron sufriendo cambios fue el histórico; pero no se debe despreciar a los otros Tarots, pues cada uno de ellos insiste en unos aspectos u otros de la cábala. Por ejemplo, el Tarot Francés se basa principalmente en el significado astrológico, y tanto el Tarot Italiano como el Español se apoyan más en la simbología cabalística.

Por otra parte, los 22 Arcanos Mayores son casi idénticos en la mayoría de los Tarots. En los Arcanos Menores podéis encontrar más dificultad de comprensión a la hora de unificar criterios entre el Tarot Europeo y el Egipcio; por ello, a continuación os detallo una tabla de correspondencias.

La Rueda de la Fortuna. Este mosaico se encuentra en la nave central de la catedral de Siena.

CORRESPONDENCIA DE LOS ARCANOS MENORES DEL TAROT EGIPCIO CON EL TAROT EUROPEO

	Tarot Egipcio	*Tarot Europeo*
n.º 23	El Comienzo	As de oros
n.º 24	La Actividad	Dos de oros
n.º 25	La Conquista	Tres de oros
n.º 26	La Suerte	Cuatro de oros
n.º 27	Imprevisible	Cinco de oros
n.º 28	La Desesperación	Seis de oros
n.º 29	La Resignación	Siete de oros
n.º 30	El Comercio	Ocho de oros
n.º 31	Los Problemas	Nueve de oros
n.º 32	La Generosidad	Diez de oros
n.º 33	Los Pactos	Sota de oros
n.º 34	Los Cambios	Caballo de oros
n.º 35	Las Penas	Rey de oros
n.º 36	La Guerra	Reina de oros
n.º 37	El Saber	As de espadas
n.º 38	La Infidelidad	Dos de espadas
n.º 39	El Testamento	Tres de espadas
n.º 40	La Intuición	Cuatro de espadas
n.º 41	La Angustia	Cinco de espadas
n.º 42	La Tenacidad	Seis de espadas
n.º 43	La Desolación	Siete de espadas
n.º 44	La Solución	Ocho de espadas
n.º 45	La Innovación	Nueve de espadas

	Tarot Egipcio	*Tarot Europeo*
n.º 46	El Resultado	Diez de espadas
n.º 47	La Conclusión	Sota de espadas
n.º 48	El Logro	Caballo de espadas
n.º 49	La Dualidad	Rey de espadas
n.º 50	Compenetración	Reina de espadas
n.º 51	El Consejo	As de copas
n.º 52	La Planificación	Dos de copas
n.º 53	El Rencor	Tres de copas
n.º 54	La Observación	Cuatro de copas
n.º 55	El Duelo	Cinco de copas
n.º 56	La Búsqueda	Seis de copas
n.º 57	La Defensa	Siete de copas
n.º 58	La Cautela	Ocho de copas
n.º 59	Descubrimiento	Nueve de copas
n.º 60	El Avance	Diez de copas
n.º 61	El Aislamiento	Sota de copas
n.º 62	La Autoridad	Caballo de copas
n.º 63	La Unión	Rey de copas
n.º 64	Condescendencia	Reina de copas
n.º 65	La Enseñanza	As de bastos
n.º 66	La Sorpresa	Dos de bastos
n.º 67	La Amistad	Tres de bastos
n.º 68	El Negocio	Cuatro de bastos
n.º 69	La Casualidad	Cinco de bastos
n.º 70	El Equipo	Seis de bastos

	Tarot Egipcio	*Tarot Europeo*
n.º 71	La Conservación	Siete de bastos
n.º 72	Lo Digno	Ocho de bastos
n.º 73	La Obsesión	Nueve de bastos
n.º 74	Nacimiento	Diez de bastos
n.º 75	La Vida	Sota de bastos
n.º 76	Repartir	Caballo de bastos
n.º 77	El Desequilibrio	Rey de bastos
n.º 78	El Renacer	Reina de bastos

MENSAJES DEL TAROT

A continuación clasificaremos los elementos del jeroglífico atendiendo a las respuestas inconscientes o conscientes que podemos obtener:

Respuesta inconsciente

Agrupando los tres conceptos que veremos a continuación, obtendremos una respuesta inconsciente que aflorará al consciente:

- Representación numerológica: denominación de la lámina
- Representación astrológica: denominación de la lámina
- Alfabeto hebreo: denominación de la lámina

El inconsciente recibe un estímulo y sufre un cambio en su estado *inicial* (considerando este estado como el momento anterior al que se recibe la información).

A partir de este momento hay un mensaje que llega al consciente a modo de *potencia interna,* que se refleja en el cuerpo físico como un aumento de la noción vibratoria sensible que da al sujeto una mayor capacidad de comprensión sobre el problema a tratar, al tiempo que aumenta nuestra objetividad y neutralidad. Las visiones nacen a partir de ese instante. En este momento el sujeto tiene algo de dios y un poco menos de humano.

Respuesta consciente

Agrupando los tres conceptos que veremos a continuación, se ofrecerá un estímulo al *consciente* que viajará al inconsciente; allí la información se codificará y almacenará:

- Deidad asociada a un acto: parte superior de la carta
- Significado adivinatorio: parte central de la carta
- Símbolo cabalístico: parte inferior de la carta

El consciente analiza los datos conocidos y los catapulta a modo de ideas al inconsciente; éste reagrupa las ideas conjuntamente con las recibidas en anteriores ocasiones y que ya están almacenadas, y forma un nuevo concepto mucho más sólido que el existente antes de llegar la información; todo ello da nombre a las imágenes y sensaciones que han nacido de la *codificación inconsciente,* sólo que ahora estos conceptos quedarán archivados para siempre. De nuevo en el consciente ya se ha obtenido la respuesta buscada.

El resultado de la interrelación entre los seis conceptos anteriormente mencionados dará lugar al *Resultado Adivinatorio.*

FASES EVOLUTIVAS DEL HOMBRE

EL HOMBRE ESPIRITUAL

Los Arcanos Mayores son el reflejo de las virtudes y tentaciones terrenales, y su superación nos expresará el grado de evolución que puede alcanzar el hombre espiritual. Todos los seres humanos tienen en potencia una esencia espiritual, pero sólo a partir de un grado de evolución se consigue plasmarla en el hombre terrenal.

Así, los 22 reflejos espirituales se basan en 3 grandes verdades, que son: la trasmutación, el equilibrio y la tentación; y corresponden a los siguientes Arcanos Mayores: el Mago, la Justicia y el Mal respectivamente.

A partir de estas tres verdades se generan 19 normas que nos ayudan en la evolución espiritual, y se pueden alcanzar tras la consecución de sus correspondientes virtudes.

- La virtud del Mago es la Trasmutación, y se alcanza cuando consigues evolucionar espiritualmente sobre:

  El pensamiento
  La fecundidad
  La constancia
  El saber
  El placer
  El movimiento

- La virtud de la Justicia es el Equilibrio, y se alcanza cuando consigues evolucionar mentalmente sobre:

  La soledad
  La alegría
  El valor
  El dolor
  El cambio
  La tranquilidad

- La virtud del Mal es eludir la Tentación terrenal en:

  El olvido
  La resignación
  La espera
  La vitalidad
  La verdad
  La comprensión
  La incomprensión

	Arcanos Mayores	*Virtudes*
n.º 1	El Mago	La trasmutación
n.º 2	La Sacerdotisa	El pensamiento
n.º 3	La Reina	La fecundidad
n.º 4	El Faraón	La constancia
n.º 5	El Hierofante	El saber
n.º 6	El Deseo	El placer

	Arcanos Mayores	*Virtudes*
n.º 7	El Carro	El movimiento
n.º 8	La Justicia	El equilibrio
n.º 9	El Ermitaño	La soledad
n.º 10	La Fortuna	La alegría
n.º 11	La Fuerza	El valor
n.º 12	El Colgado	El dolor
n.º 13	La Muerte	El cambio
n.º 14	La Templanza	La tranquilidad
n.º 15	El Mal	La tentación
n.º 16	La Destrucción	El olvido
n.º 17	El Destino	La resignación
n.º 18	La Luna	La espera
n.º 19	El Sol	La vitalidad
n.º 20	El Juicio Final	La verdad
n.º 21	El Mundo	La comprensión
n.º 22	El Loco	La incomprensión

El hombre terrenal

Los Arcanos Menores responden a la actitud del yo y del ego como esencia del hombre terrenal, el cual es capaz de manifestarse a través de sus emociones.

El ser que nace en este mundo vive sus propias fases de evolución, que son distintas según el grado de evolución. El hombre como ser pensante, forma parte del todo cognoscible y lleva impreso en su alma un estado de evolución mínima para poder existir en su condición de ser humano. La evolución prosperará en la medida en que la mente se desarrolle y sea capaz de controlar las emociones, es decir, el ego.

La unificación de los 56 Arcanos Menores proporciona las respuestas a las fases de evolución del hombre terrenal en sus diferentes estados.

FASES DE EVOLUCIÓN:

Fase 1.ª
El hombre trae *el comienzo* de *la actividad* sobre *la conquista* y *la suerte*. Pero nace *lo imprevisible* y llega *la desesperación*, sobre *la resignación* se intenta *el comercio*. Pero no es ése el camino y nacen *los problemas* por *la generosidad* excesiva. Se intentan *pactos* para que se produzcan *cambios*, pero sólo se logran *penas*.

Fase 2.ª
De nuevo *la guerra* que trae el saber de la *infidelidad*.

Fase 3.ª
El *testamento* de la *intuición* es *angustia*, *tenacidad*, *desolación*. La *solución*, la *innovación*, es el *resultado* de la *conclusión*. *El logro* está en *la dualidad* y la *compenetración*.

Fase 4.ª
El *consejo* de los dioses te recomienda *la planificación* y *el rencor* la *observación*. Con el *duelo* la *búsqueda*. Con la *defensa* la *cautela* porque el *descubrimiento* es el *avance* hacia una etapa del *aislamiento*.

Fase 5.ª
De la *autoridad* y la *unión*, nace la *condescendencia*. La *enseñanza* y la *sorpresa* trae la *amistad*. Del *negocio* nace la *casualidad* y se trabaja en *equipo*. En la *conservación* se halla lo *digno*.

Fase 6.ª
La obsesión trae *nacimiento*; es la *vida* para *repartir* y ayudar al *desequilibrio*. Llegando al final, sólo queda *renacer*.

ARCANOS MENORES

n.º 23 El Comienzo
n.º 24 La Actividad
n.º 25 La Conquista
n.º 26 La Suerte
n.º 27 Imprevisible
n.º 28 La Desesperación
n.º 29 La Resignación
n.º 30 El Comercio
n.º 31 Los Problemas
n.º 32 La Generosidad
n.º 33 Los Pactos
n.º 34 Los Cambios
n.º 35 Las Penas
n.º 36 La Guerra
n.º 37 El Saber
n.º 38 La Infidelidad
n.º 39 El Testamento
n.º 40 La Intuición
n.º 41 La Angustia
n.º 42 La Tenacidad
n.º 43 La Desolación
n.º 44 La Solución
n.º 45 La Innovación
n.º 46 El Resultado
n.º 47 La Conclusión
n.º 48 El Logro
n.º 49 La Dualidad
n.º 50 Compenetración
n.º 51 El Consejo
n.º 52 La Planificación
n.º 53 El Rencor
n.º 54 La Observación
n.º 55 El Duelo
n.º 56 La Búsqueda
n.º 57 La Defensa
n.º 58 La Cautela
n.º 59 Descubrimiento
n.º 60 El Avance
n.º 61 El Aislamiento
n.º 62 La Autoridad
n.º 63 La Unión
n.º 64 Condescendencia
n.º 65 La Enseñanza
n.º 66 La Sorpresa

n.º 67	La Amistad	n.º 73	La Obsesión
n.º 68	El Negocio	n.º 74	Nacimiento
n.º 69	La Casualidad	n.º 75	La Vida
n.º 70	El Equipo	n.º 76	Repartir
n.º 71	La Conservación	n.º 77	El Desequilibrio
n.º 72	Lo Digno	n.º 78	El Renacer

CAPÍTULO II

EL ALFABETO HEBREO Y LOS ARCANOS

El *alfabeto hebreo* es considerado como un lenguaje divino y sagrado en Occidente. Esto es debido a la concepción y utilización de este alfabeto que considera que cada letra significa un número, de manera que los nombres que se forman son figuras numéricas. Se defiende la teoría de que en la formación de las palabras hebreas se contiene un poder sobrenatural por el cual aquéllas, en nuestro mundo físico, pueden ser utilizadas para el bien o para el mal.

Este alfabeto, de virtudes mágicas, es el utilizado por la tradición hermética en los textos que forman la Kabalah, cuyos conocimientos son legados de civilizaciones anteriores a la tradición judaica y filosofía hebrea. Estos textos componen una serie de libros que tienen un mensaje doctrinal indiscutible además de unos conocimientos místicos al que se les atribuyen poderes mágicos.

El propósito de la Kabalah fue preservar un «saber» que debía permanecer oculto para la mayoría, e incluso se falsearon datos para desviar el auténtico significado. Hoy en día aún se hacen especulaciones cabalísticas sobre los textos sagrados pretendiendo descubrir el significado secreto y simbólico de los Arcanos que todavía permanecen ocultos, como la creación del mundo y el conocimiento de Dios.

Los hebreos fueron los herederos de la Kabalah, uno de sus libros, la Torá, se ocupaba del código religioso y social del judaísmo. Nos habla sobre la moral cuando explica la «ley del cuerpo» y sobre su legislación (en los textos del Talmud) cuando describe la «ley de la vida». Otro libro básico para su doctrina era el Pentateuco (los cinco primeros libros de la Biblia) atribuido a Moisés. Para poder leer estos textos sagrados, de forma correcta, comprendiendo su mensaje simbólico escrito en clave para los no-iniciados, debían estudiar otro tratado, el Masorah, para llegar a descifrar los anteriores.

De este modo trataban las leyes del cuerpo y la vida. Estos libros no eran silenciados, a diferencia de los textos que componen las leyes del alma, escritos en lenguaje cabalístico, es decir, en clave.

Sobre la parte teórica de las leyes del alma, el Maase Bereshit nos habla sobre la creación del mundo, las leyes mágicas que utilizan los ángeles sobre los hombres para acompañarnos en el largo camino hacia la perfección. Actualmente se conoce esta obra como el Sefer Yetzirah que es un resumen de la anterior.

		Divisiones	*Manuscritos*
LA KABALAH	TEÓRICA	Bereshit (Libro de la Creación)	SEFER YETZIRAH
		Obra del Carro	ZOHAR
	PRÁCTICA	Sistemas Jeroglíficos Gematria Temuria Notarikon	TAROT
		Manuscritos Mágicos	CLAVÍCULAS SALOMÓN

El Zohar habla de Dios, la familia celestial, las ideas y su fuerza, el mundo sobrenatural. Bien se podría decir que el Zohar intenta explicar qué parte de Dios está dentro de nosotros y cómo podemos aflorarlo a la superficie de este mundo para mejorarlo. Más allá de su doctrina llega incluso a calcular la fecha exacta de la llegada del Mesías para reunirse con aquellos que hayan conseguido un grado de perfección. Varios libros forman el Zohar. El más conocido es el «Sphra Dtzenioutha», el libro del misterio oculto compuesto por mensajes numéricos y las letras del alfabeto hebreo. Hay otro ejemplar del Zohar que considero muy interesante, es el «Aesh Mezarep». Significa «Fuego Purificante» y es un tratado de alquimia y hermetismo. No deja de resultarme extraño que al intentar hablar de la parte teórica de la Kabalah en lo concerniente al «alma» utilicen criterios esotéricos (mágicos) y alquímicos, en un intento por conseguir hallar una fórmula que permita crear almas a partir de unos elementos humanos, que no divinos, pero que pudiendo llegar a ser un Dios, como tal, se pudiera llegar a crear.

La parte práctica de «las leyes del alma» está compuesta por libros que todavía no han podido ser descifrados en su totalidad, debido a su complejo significado, no a su traducción literal, pues son los pasajes más ocultos de la Kabalah. Son los llamados «Sistemas Jeroglíficos», cuyo código, según afirma la mayoría de estudiosos de la Kabalah, se halla integrado en el TAROT como anexo esencial para comprender los tres tratados restantes: «Gematria», «Temuria» y «Notarikon». En estas obras las letras adquieren múltiples y diferentes significados, dándoles valores numéricos y equivalencias de poder sobrenatural, donde cada letra hebrea se relaciona con un jeroglífico, una idea y un número. La clave de la evolución de estas interrelaciones se encuentra en el libro jeroglífico «El Tarot Egipcio».

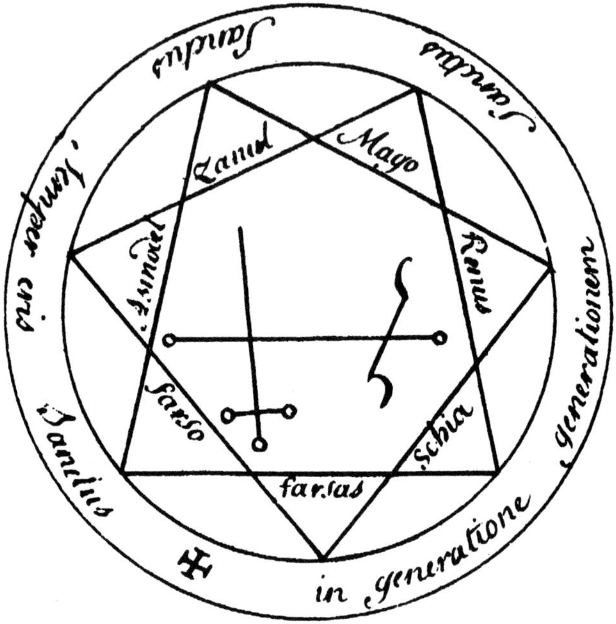

Grabado de un pantáculo de virtudes mágicas. Bajo la protección de Venus.

Finalmente tenemos los Manuscritos Mágicos, también llamados Clavículas de Salomón, según la leyenda, escritos por el propio rey Salomón (el tratado más antiguo es del siglo XIV). Este tratado de contenido esotérico estudia las interrelaciones existentes entre los colores, planetas, números, letras hebreas, ángeles, dioses, demonios y sus invocaciones para crear talismanes.

Lo cierto es que este *alfabeto* consta de 22 letras, y en su orden correlativo guardan correspondencia con un número y un jeroglífico. Cada letra es una derivada de la formación de Iod, así tenemos las 3 letras madres (Áleph, Mem, Shin), más 7 dobles (Beth, Ghímel, Dáleth, Kaph, Phe, Resch, Thaw) y 12 letras simples (He, Vau, Zaïn, Heth, Teth, Iod, Lámed, Nun, Sámekh, Ain, Tzade, Quoph).

Existe una correspondencia oculta entre las letras del *alfabeto hebreo* que detallamos a continuación:

- Las tres letras madres corresponden a tres elementos –aire, agua, fuego–, los cuales conforman la vida en la Tierra.

- Las siete letras dobles corresponden a un sonido positivo fuerte y otro negativo suave, y a su vez se corresponden con los siete planetas sagrados de la antigüedad que son: Sol, Luna, Marte, Venus, Mercurio, Júpiter y Saturno.

- Las doce letras simples se corresponden con los doce signos del Zodíaco: Aries, Tauro, Géminis, Cáncer, Leo, Virgo, Libra, Escorpio, Sagitario, Capricornio, Acuario, Piscis.

A su vez las 22 letras del *alfabeto hebreo* también guardan un significado y correspondencia con los 22 *Arcanos Mayores,* como veremos en la relación anexa.

Jeroglífico	*Número*	*Equivalencia*	*Valor*	*Letra*
א	1	A	Madre	Áleph
ב	2	B	Doble	Beth
ג	3	G	Doble	Ghímel
ד	4	D	Doble	Dáleth
ה	5	H E	Simple	He
ו	6	V	Simple	Vau
ז	7	Z	Simple	Zaïn
ח	8	Ch	Simple	Heth
ט	9	T	Simple	Teth
י	10	I	Simple	Yod o Iod
כ	11	K h	Doble	Caph o Khaph
ל	12	L	Simple	Lámed
מ	13	M	Madre	Mem
נ	14	N	Simple	Nun
ס	15	S	Simple	Sámech o Sámekh
ע	16	H w	Simple	Haïn o Ain
פ	17	P Ph	Doble	Phe
צ	18	T s	Simple	Tsade o Tzade
ק	19	K Q	Simple	Coph o Quoph
ר	20	R	Doble	Resch
ש	21	S h	Madre	Shin
ת	22	T h	Doble	Thau o Thaw

LAS LETRAS DEL ALFABETO HEBREO Y LOS 22 ARCANOS MAYORES

Letra	*Significado*	*Correspondencia*	
Áleph	Guía, nos está guiando. Buey.	n.º 1	El Mago
Beth	Ensoñación sabia, capaz de tener visiones. Iluminación.	n.º 2	La Sacerdotisa
Ghímel	Dinamismo. Vitalidad.	n.º 3	La Reina
Dáleth	Poder. Autoridad.	n.º 4	El Faraón
He	Iniciación oculta.	n.º 5	El Hierofante
Vau	Ley natural. Bien y mal.	n.º 6	El Deseo
Zaïn	Triunfo misterioso, buena suerte. Elegido.	n.º 7	El Carro
Heth	Razón, saldrá la luz. Conocimiento auténtico.	n.º 8	La justicia
Teth	Impenetrable, nunca dirá a nadie toda la verdad.	n.º 9	El Ermitaño
Iod	Compensación. Karma, cree que recibirá lo que le toca por destino.	n.º 10	La Fortuna
Khaph	Convencimiento. Sinuosidad, trabajo en la oscuridad.	n.º 11	La Fuerza
Limed	Sacrificio interior.	n.º 12	El Colgado
Mem	Agua purificadora, después del cambio. Curación.	n.º 13	La Muerte
Nun	Idea y Verbo. Fuerza de la verdad. Plasmación. El inconsciente lo comprende todo y será capaz de plasmarlo.	n.º 14	La Templanza

Letra	Significado	Correspondencia
Sámekh	Fuego creador.	n.º 15 El Mal
Ain	Vigilancia. Temporal.	n.º 16 La Destrucción
Phe	Fe. Aliento.	n.º 17 El Destino
Tzade	Fuerza serpentina, de la energía personal. Magnetismo. La luna clarividente.	n.º 18 La Luna
Quoph	Búsqueda misteriosa. Sol. Busca la libertad en situaciones fuera de lo corriente.	n.º 19 El Sol
Resch	Liberación. Juicio.	n.º 20 El Juicio Final
Shi	Cambios creadores.	n.º 21 El Mundo
Thaw	Comprensión del todo.	n.º 22 El Loco

LAS LETRAS DEL ALFABETO HEBREO Y LOS 56 ARCANOS MENORES

Letra	Significado	Correspondencia
He	La iniciación	n.º 23 El Comienzo
Vau	Ley	n.º 24 La Actividad
Zaïn	Triunfo	n.º 25 La Conquista
Heth	Compensación	n.º 26 La Suerte
Teth	Impenetrable	n.º 27 Imprevisible
Áleph	Guía	n.º 28 La Desesperación
Beth	Ensoñación	n.º 29 La Resignación
Ghímel	Dinamismo	n.º 30 El Comercio

Letra	*Significado*	*Correspondencia*
Dáleth	Poder	n.º 31 Los problemas
He	La Iniciación	n.º 32 La Generosidad
Vau	Ley	n.º 33 Los Pactos
Zaïn	Triunfo	n.º 34 Los Cambios
Heth	Comprensión	n.º 35 Las Penas
Teth	Impenetrable	n.º 36 La Guerra
Áleph	Guía	n.º 37 El Saber
Beth	Ensoñación	n.º 38 La Infidelidad
Ghímel	Dinamismo	n.º 39 El Testamento
Dáleth	Poder	n.º 40 La Intuición
He	La Iniciación	n.º 41 La Angustia
Vau	Ley	n.º 42 La Tenacidad
Zaïn	Triunfo	n.º 43 La Desolación
Heth	Compensación	n.º 44 La Solución
Teth	Impenetrable	n.º 45 La Innovación
Áleph	Guía	n.º 46 El Resultado
Beth	Ensoñación	n.º 47 La Conclusión
Ghímel	Dinamismo	n.º 48 El Logro
Dáleth	Poder	n.º 49 La Dualidad
He	La Iniciación	n.º 50 Compenetración
Vau	Ley	n.º 51 El Consejo
Zaïn	Triunfo	n.º 52 La Planificación
Heth	Compensación	n.º 53 El Rencor
Teth	Impenetrable	n.º 54 La Observación
Áleph	Guía	n.º 55 El Duelo
Beth	Ensoñación	n.º 56 La Búsqueda
Ghímel	Dinamismo	n.º 57 La Defensa

Letra	*Significado*	*Correspondencia*
Dáleth	Poder	n.º 58 La Cautela
He	La Iniciación	n.º 59 Descubrimiento
Vau	Ley	n.º 60 El Avance
Zaïn	Triunfo	n.º 61 El Aislamiento
Heth	Compensación	n.º 62 La Autoridad
Teth	Impenetrable	n.º 63 La Unión
Áleph	Guía	n.º 64 Condescendencia
Beth	Ensoñación	n.º 65 La Enseñanza
Ghímel	Dinamismo	n.º 66 La Sorpresa
Dáleth	Poder	n.º 67 La Amistad
He	La Iniciación	n.º 68 El Negocio
Vau	Ley	n.º 69 La Casualidad
Zaïn	Triunfo	n.º 70 El Equipo
Heth	Compensación	n.º 71 La Conservación
Teth	Impenetrable	n.º 72 Lo Digno
Áleph	Guía	n.º 73 La Obsesión
Beth	Ensoñación	n.º 74 Nacimiento
Ghímel	Dinamismo	n.º 75 La Vida
Dáleth	Poder	n.º 76 Repartir
He	La Iniciación	n.º 77 El Desequilibrio
Vau	Ley	n.º 78 El Renacer

LOS NÚMEROS DE LOS 56 ARCANOS MENORES Y LAS LETRAS HEBREAS

Las letras del alfabeto hebreo tienen una correspondencia numerológica con los 56 Arcanos Menores. Cada uno de los Arcanos se descompone en un número. Quedando la correlación del siguiente modo:

Carta n.º 23 = 2 + 3 = 5	Letra He
Carta n.º 24 = 2 + 4 = 6	Letra Vau
Carta n.º 25 = 2 + 5 = 7	Letra Zaïn
Carta n.º 26 = 2 + 6 = 8	Letra Heth
Carta n.º 27 = 2 + 7 = 9	Letra Teth
Carta n.º 28 = 2 + 8 = 10 = 1	Letra Áleph
Carta n.º 29 = 2 + 9 = 11 = 2	Letra Beth
Carta n.º 30 = 3 + 0 = 3	Letra Ghímel
Carta n.º 31 = 3 + 1 = 4	Letra Dáleth

Y así sucesivamente hasta terminar el ciclo de los 56 Arcanos Menores, repitiéndose siempre las mismas nueve letras del alfabeto hebreo que son: una letra madre: Áleph; tres letras dobles: Beth, Ghímel, Dáleth; y cinco letras simples: He, Vau, Zaïn, Heth y Teth. La pronunciación de estas letras junto con sus láminas correspondientes darán como resultado su capacidad «mágica» de concentración.

LA CIENCIA DE LOS NÚMEROS

SIGNIFICADO NUMEROLÓGICO DE LOS 78 ARCANOS

Los números expresan todo lo existente y sus múltiples combinaciones reflejan todo lo que sucedió, sucede y sucederá.

La doctrina de Pitágoras está basada fundamentalmente en la relación del hombre con el cosmos, la trasmigración, la inmortalidad de las almas, el principio de materia y forma, la unidad y el número.

Los pitagóricos daban a los números manifestaciones mágicas. Más tarde, los matemáticos dividieron en ramas la ciencia de los números (geometría, física, álgebra, cálculo), manteniendo como base de sus enseñanzas que los números son la expresión «de lo existente».

En el ocultismo, el número es el principio que hace que el mundo exista. La forma, el sonido y la vibración del número ponen el límite a la propia naturaleza, cuyas proporciones son expresadas en los números como un todo universal. La numerología compone una gran parte del sistema esotérico; así encontramos la «Gematria», que es uno de los libros de la Kabalah práctica en lo concerniente al alma. Trata del valor numérico de las palabras hebreas; para ello, suma los valores de las letras que las componen y cambia las palabras en números.

El concepto número es amplio porque relaciona el plano material con las fuerzas de la naturaleza. Éstas se enfrentan a ellas mismas siendo dignificadas en la agrupación de los números pares e impares. Se basa en el siguiente principio: todo aquello que vemos puede acrecentarse (la suma) o puede decrecer (la resta) y casi desaparecer (la división). Hoy sabemos que nada desaparece totalmente porque el mundo de los átomos y las partículas nos lo ha demostrado, aunque ya explicaban los antiguos sabios que el número era en sí mismo una fuerza básica que no podía desaparecer, entendiendo el número 0 como concepto de nada y «no existencia». Ellos también manejaban los números negativos como expresión del mundo inmaterial confundido por algunos autores ocultistas con el infierno.

La comprensión del significado de los números 1, 2, 3, 4, 5, 6, 7, 8, 9 era básica y fundamental. En ellos basaban toda la filosofía numerológica explicando el plano material de la existencia y afirmando que más allá del número 9 se vuelven a repetir todos los números.

En el ocultismo, la numerología se identifica con el estado «ideal» del universo, el cual vibra en su conjunto a unos ritmos concretos y precisos creando una armonía. Comparándolo con un instrumento de cuerda, lo expresan diciendo que cada cuerda representa una situación determinada (persona, lugar, etc.) y cuando vibra produce un sonido que conjuntamente con los otros sonidos refleja la armonía del universo; pero a cada cuerda le corresponde una nota en particular que se identifica con cualquiera de los números naturales (del 1 al 9). El averiguar el número exacto implica participar del estado de armonía y comprender el alcance de pertenecer a esta orquesta.

Los intervalos musicales (la octava, la quinta y la cuarta) se pueden expresar como relaciones numéricas en las cifras 1, 2, 3, 4. Una nota será más o menos alta dependiendo del largo de la cuerda musical que la produce; de este modo, si una cuerda es el doble de larga que la anterior, producirá una nota que será la octava de la anterior. Por lo tanto, podemos decir que la proporción es de 2 a 1, como la quinta se relaciona de 3 a 2 y la cuarta de 4 a 3.

Estas observaciones hechas ya por los pitagóricos les llevaron a deducir que las cifras 1, 2, 3, 4 forman los intervalos musicales, que sumados entre sí resultan 10; éste es el valor atribuido a la suma de todas las cosas.

Partiendo del 0, que es la nada, y el 1, la unidad comienzo del Todo que conjuntamente es el principio y final de todas las cosas.

Los números se expresan de múltiples formas y se vinculan a todos los elementos de la naturaleza y el cosmos. La geometría está considerada una de sus manifestaciones elementales, se relaciona con la numerología del siguiente modo: el número 1 representa un punto, el número 2 la línea recta (que une dos puntos), el número 3 un triángulo, el 4 forma dos figuras geométricas, el cuadrado, y, si unimos el 4 con los anteriores, tendremos una pirámide. Los pitagóricos basaron estas afirmaciones en una figura llamada tetraktis, donde los números se identifican por puntos y se plasman en un triángulo, tal y como consta en la figura:

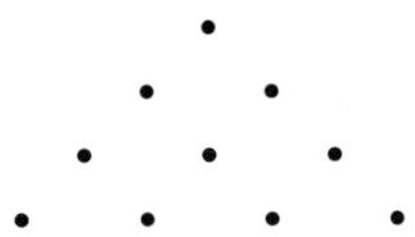

Pero los números no sólo se expresan en las leyes del cálculo, también lo hacen en las leyes de la forma para finalmente hacerlo en las leyes del espíritu. Las leyes de la forma son aquellas que comprenden cualquier código que sirva para catalogar, a fin de mostrarse en clave para los no iniciados, a diferencia del cálculo, que expresa la evidencia ante nuestros ojos. La Biblia es un claro ejemplo de las leyes de la forma donde el nombre, las familias, los años vividos, etc., manejan ciclos numéricos que esconden el mensaje oculto. Por ejemplo, de Adán hasta llegar a Noé existen 9 generaciones y de Noé a Abraham hay otras 9 generaciones.

A su vez Adán tuvo 3 hijos al igual que Noé. Y los nombres que recibieron y lo que realizaron cada uno de ellos también se relaciona con los números. Sobre lo anteriormente expuesto, los ocultistas afirman que la conciencia de la divinidad se consiguió en estos 18 ciclos.

Partiendo de este mismo principio, la conciencia terrenal se creó en 12 formas relacionadas con los 12 signos del Zodíaco, y también aparecen en la Biblia a partir de los 12 hijos de Jacob (nieto de Abraham).

El número 12 tiene una importancia primordial en la ciencia de los números. Así por ejemplo, en la Biblia encontramos las doce tribus de Israel y los doce discípulos de Jesús. Los ejemplos serían interminables, pero de hecho, las leyes de la forma están en todos los tratados antiguos del ocultismo.

En cuanto a las leyes del espíritu debemos seguir con el número 12, descomponiéndolo, utilizando la suma para crear el desarrollo de la conciencia humana y llegar a conseguir, tras superar las etapas de evolución, la escala superior representada por el mágico número 13, cuya finalidad es acercarnos a los dioses para llegar a ser seres divinos, estado hipotético en este plano. Numéricamente, el número 12 se descompone del siguiente modo:

$$12 = 1 + 2 + 3 + 4 + 5 + 6 + 7 + 8 + 9 + 10 + 11 + 12 = 78$$

De esta forma el número 78, que representa las 78 cartas del TAROT, enlaza con la profecía del dios Thot: «Aquellos que sean capaces de descifrar los jeroglíficos sagrados descubrirán el misterio de la humanidad y podrán estar al lado de los dioses».

LOS NÚMEROS

Uno Es la unidad primitiva, el punto no manifestado, el padre, el poder creador, lo masculino. «La luz que invade todo y todo vuelve a su punto de origen». Pureza. Armonía.

Dos La dualidad positiva y negativa. Lo femenino. La madre divina. Lo opuesto de la naturaleza, el bien y el mal. El binario, el estado impuro. Es el contraste. Los pitagóricos defendían la teoría de que cuando el primer ser se separó de la mónada, se convirtió en estado imperfecto en el que el bien y el mal se dividieron.

Tres Regeneración de la naturaleza. El hijo nacido del padre y de la madre es la *consecuencia.* Es el símbolo de lo divinizado, con las tres partes: creación, equilibrio y destrucción. La fecundidad. El logos. El triángulo. El tres, que es el hijo, no perdura; es algo creado que termina; mientras que el uno y el dos son para siempre.

Cuatro Es la forma, los cuatro elementos: aire, agua, fuego y tierra. La manifestación terrenal. El poder, la fuerza. El *tetragrámmaton* de cuatro letras. El cuadrado perfecto, el *tetraktys,* el *no ser,* ilimitado y absoluto. Raíz del todo. Lo que nosotros somos ahora en algún momento, se regenerará en otra parte.

Cinco La mente, el quinto pedestal, el espíritu mental, la pirámide, el pentagrama, la estrella de cinco puntas, el hombre, la nada.

Seis La triple forma, el triple espíritu, la serpiente que se muerde la cola, el círculo y el camino, la inversión del nueve. La estrella de seis puntas, el sello de Salomón, la verdad en todas sus manifestaciones terrenales. Espíritu.

Siete Es el número mágico. La magia del sentimiento y la nueva creación. Siete notas musicales. Siete colores. Los siete días de la creación del mundo. Siete iniciaciones diferentes. Siete poderes mentales. Siete culminaciones. Los mundos materiales caminan hacia los inmateriales. Son los cambios imparables en los ciclos de la vida. Representa tu suerte, el destino.

Ocho La polaridad masculina y femenina en el mundo inmaterial. La recompensa por redimirse de los placeres materiales. La fuerza superior del hombre ha vencido a la inferior. La conciencia es la reina. Cuando ya has superado las tentaciones de este mundo.

Nueve Nueve meses de gestación. El estado de espera, la etapa final. Lo absoluto y relativo. Lo concreto fusionado con lo abstracto. La cima final, la más dolorosa, el recuerdo más vivo, el fin justifica los medios. La iluminación interna. Tú puedes morir porque has dado lo mejor de ti a alguien: enseñanza, amor.

Los Arcanos están numerados del número 1 al 78, ambos inclusive. Se descomponen numéricamente y sus valores siempre son las constantes del 1 al 9. Por ejemplo: el número 23 = 2 + 3 = 5; éste será el valor que prevalezca, tal y como veremos a continuación.

Correspondencia numérica de los Arcanos Mayores

n.º 1	El Mago	1
n.º 2	La Sacerdotisa	2
n.º 3	La Reina	3
n.º 4	El Faraón	4
n.º 5	El Hierofante	5
n.º 6	El Deseo	6
n.º 7	El Carro	7
n.º 8	La Justicia	8

n.º 9	El Ermitaño	9
n.º 10	La Fortuna	10 (1 + 0) = 1
n.º 11	La Fuerza	11 (1 + 1) = 2
n.º 12	El Colgado	12 (1 + 2) = 3
n.º 13	La Muerte	13 (1 + 3) = 4
n.º 14	La Templanza	14 (1 + 4) = 5
n.º 15	El Mal	15 (1 + 5) = 6
n.º 16	La Destrucción	16 (1 + 6) = 7
n.º 17	El Destino	17 (1 + 7) = 8
n.º 18	La Luna	18 (1 + 8) = 9
n.º 19	El Sol	19 (1 + 9) = 10 (1 + 0) = 1
n.º 20	El Juicio Final	20 (2 + 0) = 2
n.º 21	El Mundo	21 (2 + 1) = 3
n.º 22	El Loco	22 (2 + 2) = 4

CORRESPONDENCIA NUMÉRICA DE LOS ARCANOS MENORES

n.º 23	El Comienzo	23 (2 + 3) = 5
n.º 24	La Actividad	24 (2 + 4) = 6
n.º 25	La Conquista	25 (2 + 5) = 7
n.º 26	La Suerte	26 (2 + 6) = 8
n.º 27	Imprevisible	27 (2 + 7) = 9
n.º 28	La Desesperación	28 (2 + 8) = 10 (1 + 0) = 1
n.º 29	La Resignación	29 (2 + 9) = 11 (1 + 1) = 2
n.º 30	El Comercio	30 (3 + 0) = 3
n.º 31	Los Problemas	31 (3 + 1) = 4
n.º 32	La Generosidad	32 (3 + 2) = 5
n.º 33	Los Pactos	33 (3 + 3) = 6
n.º 34	Los Cambios	34 (3 + 4) = 7

n.º 35	Las Penas	35 (3 + 5) = 8
n.º 36	La Guerra	36 (3 + 6) = 9
n.º 37	El Saber	37 (3 + 7) = 10 (1 + 0) = 1
n.º 38	La Infidelidad	38 (3 + 8) = 11 (1 + 1) = 2
n.º 39	El Testamento	39 (3 + 9) = 12 (1 + 2) = 3
n.º 40	La Intuición	40 (4 + 0) = 4
n.º 41	La Angustia	41 (4 + 1) = 5
n.º 42	La Tenacidad	42 (4 + 2) = 6
n.º 43	La Desolación	43 (4 + 3) = 7
n.º 44	La Solución	44 (4 + 4) = 8
n.º 45	La Innovación	45 (4 + 5) = 9
n.º 46	El Resultado	46 (4 + 6) = 10 (1 + 0) = 1
n.º 47	La Conclusión	47 (4 + 7) = 11 (1 + 1) = 2
n.º 48	El Logro	48 (4 + 8) = 12 (1 + 2) = 3
n.º 49	La Dualidad	49 (4 + 9) = 13 (1 + 3) = 4
n.º 50	Compenetración	50 (5 + 0) = 5
n.º 51	El Consejo	51 (5 + 1) = 6
n.º 52	La Planificación	52 (5 + 2) = 7
n.º 53	El Rencor	53 (5 + 3) = 8
n.º 54	La Observación	54 (5 + 4) = 9
n.º 55	El Duelo	55 (5 + 5) = 10 (1 + 0) = 1
n.º 56	La Búsqueda	56 (5 + 6) = 11 (1 + 1) = 2
n.º 57	La Defensa	57 (5 + 7) = 12 (1 + 2) = 3
n.º 58	La Cautela	58 (5 + 8) = 13 (1 + 3) = 4
n.º 59	Descubrimiento	59 (5 + 9) = 14 (1 + 4) = 5
n.º 60	El Avance	60 (6 + 0) = 6
n.º 61	El Aislamiento	61 (6 + 1) = 7
n.º 62	La Autoridad	62 (6 + 2) = 8
n.º 63	La Unión	63 (6 + 3) = 9

n.º 64	Condescendencia	64 (6 + 4) = 10 (1 + 0) = 1
n.º 65	La Enseñanza	65 (6 + 5) = 11 (1 + 1) = 2
n.º 66	La Sorpresa	66 (6 + 6) = 12 (1 + 2) = 3
n.º 67	La Amistad	67 (6 + 7) = 13 (1 + 3) = 4
n.º 68	El Negocio	68 (6 + 8) = 14 (1 + 4) = 5
n.º 69	La Casualidad	69 (6 + 9) = 15 (1 + 5) = 6
n.º 70	El Equipo	70 (7 + 0) = 7
n.º 71	La Conservación	71 (7 + 1) = 8
n.º 72	Lo Digno	72 (7 + 2) = 9
n.º 73	La Obsesión	73 (7 + 3) = 10 (1 + 0) = 1
n.º 74	Nacimiento	74 (7 + 4) = 11 (1 + 1) = 2
n.º 75	La Vida	75 (7 + 5) = 12 (1 + 2) = 3
n.º 76	Repartir	76 (7 + 6) = 13 (1 + 3) = 4
n.º 77	El Desequilibrio	77 (7 + 7) = 14 (1 + 4) = 5
n.º 78	El Renacer	78 (7 + 8) = 15 (1 + 5) = 6

EL TAROT EGIPCIO Y LA ASTROLOGÍA

La astrología es la ciencia que estudia la influencia de los astros y cuerpos celestes sobre el hombre y la Tierra.

Este estudio revela la marcha de los acontecimientos mundiales, sociales e individuales. Fueron los caldeos los primeros que intentaron un pronóstico individual a partir de la fecha de nacimiento, considerando la posición que ocupaban los astros en el momento de nacer.

Más tarde, los egipcios vincularon su religión a los mitos cósmicos, se interesaron por el destino y legaron a la posteridad sus conocimientos astronómicos tal y como queda reflejado en el especial emplazamiento de sus pirámides (orientadas hacia los puntos cardinales) y de sus templos. En la cámara sepulcral de Ramsés VI hay una representación de la bóveda celeste donde aparece el Sol, indicando el amanecer, a través de la diosa Nut para ocultarse, marcando la noche. También están representados los astros, las costelaciones y las horas para guiar el alma en su recorrido hacia el cielo.

Los griegos aportaron a la astrología su simbología mitológica. Los nombres actuales de los doce signos del Zodíaco se utilizaron por vez primera en los tiempos del gran astrónomo griego Hiparco.

Roma heredó el saber astronómico y astrológico de los griegos, pero adaptaron sus nombres al latín clásico: a Cronos le correspondió Saturno; a Afrodita, Venus…

En cuanto a los árabes, a pesar del vacío que se produjo en los inicios del islamismo, cultivaron sabiamente la astrología influyendo en las decisiones políticas de entonces. Del mismo modo existían médicos-astrólogos que aplicaban esta ciencia en sus diagnósticos. Fueron los árabes quienes introdujeron la astrología en Europa, hacia la Edad Media. Alfonso X el Sabio, rey de Castilla, los protegió y ayudó creando las primeras Efemérides españolas, conocidas como Tablas Alfonsinas.

El cristianismo tiene mucho que decir en favor de la astrología, así lo prueba la historia. Muchos signos astrológicos se utilizaron para marcar fiestas populares de acuerdo con las fases de la Luna. Algunos santos católicos fueron eminentes astrólogos, como san Isidoro, obispo de Sevilla; san Ramon Llull, gran ocultista; san Alberto Magno, y el famoso santo Tomás de Aquino, quien afirmó que «los astros inclinan pero no obligan».

La época de transición entre la Edad Media y el Renacimiento da lugar a grandes astrólogos como Arnaldo de Vilanova, Miguel Servet, Regiomontamus (que predijo la Revolución francesa con tres siglos de

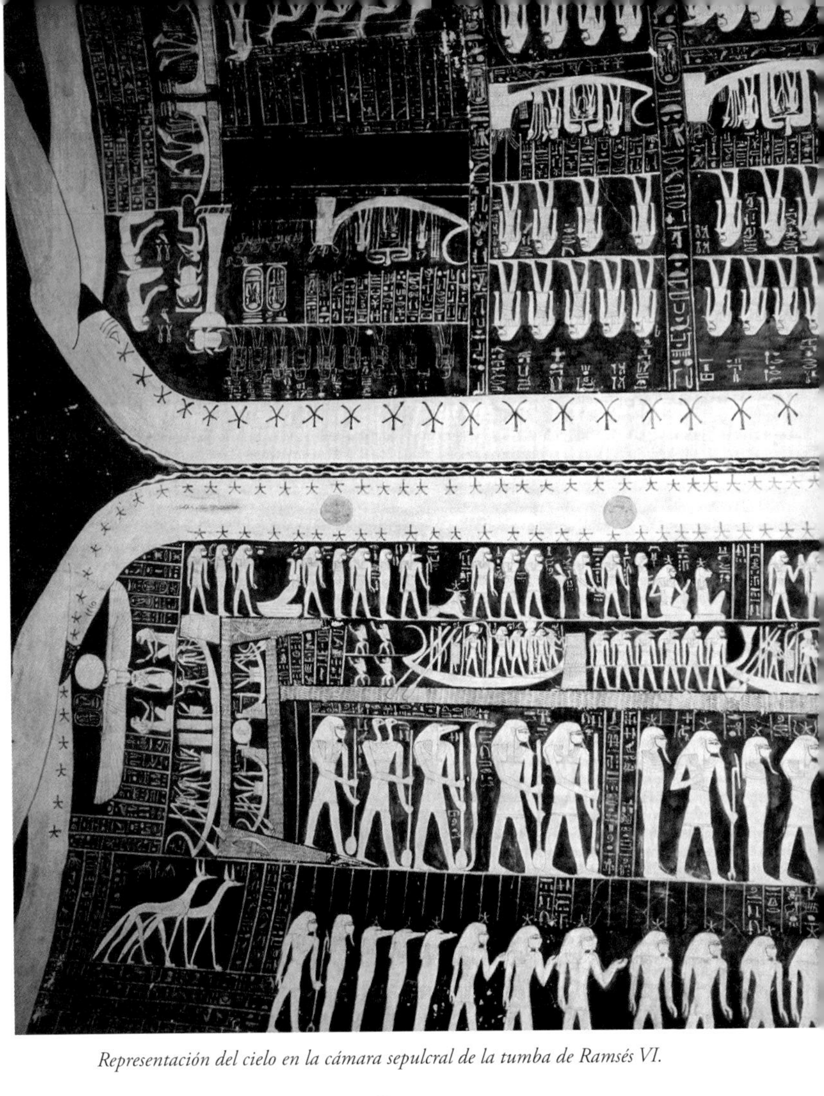

Representación del cielo en la cámara sepulcral de la tumba de Ramsés VI.

anticipación), y sobre todo Nostradamus y sus famosas Centurias, cuya exactitud predictiva, hasta el momento, hacen temblar a los más incrédulos.

Pero en España también hubo un astrólogo de la categoría de Nostradamus. Fue Diego de Torres y Villarroel, matemático y astrónomo de la ciudad de Salamanca. En una de sus publicaciones en un almanaque astrológico, predijo la Revolución francesa. El texto reza así:

Cuando los mil contarás
con los trescientos doblados
y cincuenta duplicados
con los nueve dieces más,
entonces, tú lo verás,
mísera Francia, te espera
tu calamidad postrera
con tu Rey y tu Delfín
y tendrá entonces su fin
tu mayor gloria primera.

1000 + 300 + 300 + (50 x 2) + 10 + 10 + 10 + 10 + 10 + 10 + 10 + 10 + 10 = 1790

Fue casi exacto porque la Revolución francesa comenzó en 1789. Escribió la profecía en 1740.

En la corte y en la Iglesia, se puso de moda consultar los astros. Los papas Sixto VI, Julio II y León X contaban con un grupo de astrólogos que los asesoraban. Del mismo modo, Isabel I y Segismundo III de Suecia consultaban a los astrólogos ya instalados en su corte.

Hasta el siglo XVII, la astrología y la astronomía siguen caminos paralelos y se complementan. Científicos de la época como Kepler y Copérnico aprovechan sus teorías astronómicas para aplicarlas a la Astrología. En 1614, el barón, Neper Murchistan inventa los logaritmos que utilizó para los cálculos astrológicos.

A mediados del siglo XVII se funda la Academia de Ciencias Francesas (1666), donde se prohíbe la astrología al no ser considerada científica. Es a partir de ese momento cuando empieza la crisis de la astrología. Es separada de la astronomía y condenada por ésta, no haciendo público el auténtico interés que suscitaba por miedo a ser tachados de poco científicos y sufrir la discriminación impuesta por las mentes pensantes de la época, en aras de lo que para ellos era la «búsqueda de la verdad», la ciencia.

Como consecuencia, poco a poco fue sufriendo una decadencia progresiva hasta mediados del siglo XIX, en que vuelve a resurgir. Y en el siglo XX, con la revolución social donde las formas preestablecidas que durante tantos siglos han marcado las pautas de conducta, se resquebrajan en una sociedad cuyas fuerzas se enfrentan: la revolución hacia la libertad o la represión. Ambas conviven, sufriendo la Primera y Segunda Guerras Mundiales, donde la astrología es buscada como ayuda esperanzadora para conocer cuándo llegará el final de la barbarie.

Pero ha sido en época de paz donde los astrólogos han vuelto a reagruparse y han aportado nuevos datos a la astrología gracias a los avances científicos.

Tras un breve repaso sobre las incidencias astrológicas en la historia, llegamos al momento actual, donde la astrología moderna tras el descubrimiento de nuevos planetas, se ve obligada a cambiar las regencias de aquéllos en los signos, con lo que en algunos aspectos la astrología tradicional varía de la moderna.

Según la astrología tradicional, las regencias de los signos está establecida de acuerdo con la siguiente clasificación:

Planeta	*Signo*
Marte	Aries
Venus	Tauro
Mercurio	Géminis
Luna	Cáncer
Sol	Leo
Mercurio	Virgo
Venus	Libra
Marte	Escorpión
Júpiter	Sagitario
Saturno	Capricornio
Saturno	Acuario
Júpiter	Piscis

Actualmente, tras el descubrimiento de tres nuevos planetas –Urano, Neptuno y Plutón–, la astrología moderna ha actualizado la clasificación. Gracias al avance de la ciencia se han realizado estudios más exhaustivos de las costelaciones; debido a ello, debemos admitir que los datos actuales son más precisos y es con ellos con los que debemos contar. Así pues, la astrología moderna nos ofrece esta nueva disposición:

Planeta	*Signo*
Marte	Aries
Venus	Tauro
Mercurio	Géminis
Luna	Cáncer
Sol	Leo

Planeta	*Signo*
Mercurio	Virgo
Venus	Libra
Plutón	Escorpión
Júpiter	Sagitario
Saturno	Capricornio
Urano	Acuario
Neptuno	Piscis

Considerando las teorías que rigen actualmente la astrología moderna, y de acuerdo con la tradición esotérica, a continuación estableceremos la relación que existe entre los planetas y los tres planos (físico, espiritual y mental), que configuran al hombre.

Mientras que los Arcanos Menores nos responderán a las necesidades del mundo físico, veremos que los Arcanos Mayores del 1 al 10 corresponden al mundo espiritual, y los del 11 al 22 al mundo mental.

Mundo físico: En el que nos hallamos y por el que somos un Yo concreto. Se refiere astrológicamente a los planetas de la vida: Sol, Luna y Tierra.

Mundo espiritual: El que nos da fuerzas para soportar el Yo; no siempre estamos en el mundo espiritual, sólo en contadas ocasiones. La mayor permanencia y acceso marca una mayor evolución del individuo. Es el súper-Yo. Astrológicamente son los planetas del espíritu: Júpiter, Neptuno y Venus.

Mundo mental: Es una porción del *todo.* «Más allá del cosmos, del tiempo, del espacio, en todo cuanto se mueve y cambia, se encuentra la realidad sustancial, la verdad fundamental, el *todo*». *Kybalion.* Astrológicamente son los planetas de la mente: Mercurio, Marte, Saturno, Urano y Plutón.

Mientras que el significado astrológico de los Arcanos Mayores siempre se expresará a partir del Yo como ente individual, en los Arcanos Menores será a partir de sus circunstancias. Éstas vendrán determinadas por la manifestación de los planetas sobre nuestro pasado, presente y futuro.

Características básicas de los planetas en los acontecimientos del Yo

Sol: Es la síntesis, el principio, la vida, lo que es eterno, la voluntad, la evolución y la individualidad. Confiere poder sintético al entendimiento, personalidad radiante, nobleza de sentimientos, dignidad, expansión y autoridad con magnanimidad.

Luna: Representa la receptividad, el cambio, lo transitorio, lo material y negativo; la personalidad, el alma y el aspecto psíquico inferior. Confiere una gran imaginación, magnetismo, gran plasticidad, deseo de cambio, receptividad intelectual, con tendencias contemplativas, intensa vida interior, sensibilidad, pasividad, altruismo, amor maternal e intuición.

Júpiter: Es la preservación, la sabiduría y grandeza de alma, la expansión; asimismo el orden, la generación, el juicio y la cohesión. Confiere gran generosidad, liberalidad, tolerancia, sabiduría, filantropía, moralidad, franqueza, jovialidad, virtud y religiosidad, respeto al orden.

Neptuno: Es la inspiración, el genio, la estética, la vida superior; por tanto el misticismo, el pensamiento superior y la mediumnidad. Confiere espiritualidad, genio, emociones elevadas y refinadas, misticismo, sueños notables con facultades psíquicas paranormales, gran imaginación con inspiración y comprensión intuitiva.

Venus: Atracción, armonía, belleza, arte, placer y amor. Confiere encanto personal con simpatía y sentimentalidad, amor con ternura y dulzura, sociabilidad, alegría y afabilidad.

Mercurio: Es la inteligencia y los medios de expresión, la flexibilidad, el intermediario entre el Yo y el no Yo, la razón y la adaptación. Por ello confiere una mentalidad viva, gran elocuencia, aptitudes literarias, agilidad y flexibilidad con gran adaptabilidad y rapidez mental, destreza y sutileza, sociabilidad y diplomacia, deducción y asimilación.

Marte: Es la acción, la energía, la fuerza y el movimiento. Da gran valor, iniciativa y bravura, franqueza, actividad, audacia y espíritu emprendedor.

Saturno: Es la concreción, solidez, estabilidad, cristalización y materialización, la contracción, la inercia y la rigidez, pesadez y lentitud. Confiere prudencia, perseverancia, frugalidad, sentido del deber, ponderación, reserva, castidad, meditación, precisión y ciencia.

Urano: Es el progreso, la evolución, la intuición y la creación, cambios súbitos, lo imprevisto, el ritmo y la cadencia, los contratiempos repetidos y la originalidad. Confiere originalidad y el estudio, sentido de la amistad y la sinceridad, abnegación por las causas comunes, amor por la libertad, ideas avanzadas y progresistas, gran psicología, sentido humanitario y gran intuición.

Plutón: Es la evolución colectiva y espiritual de una época, los valores generacionales. La creatividad y las realizaciones de la naturaleza, la construcción de la obra humana, los estados arcaicos de la psique. En los cambios forzados, la ascensión imprevista, las trasformaciones.

LAS DEIDADES EGIPCIAS EN LA ADIVINACIÓN

Los egipcios vivían unidos a sus dioses. Éstos formaban parte, a lo largo de sus vidas, de sus quehaceres cotidianos y fundamentalmente de los importantes. Por ello tenían diferentes categorías de dioses, y recurrían a ellos según la importancia del problema.

Los veneraban con ofrendas y rituales religiosos; así pretendían obtener sus favores, y temían las «represalias de los dioses» como un castigo del cielo. En este sentido atribuían a cada dios un acto de la vida del hombre; el juicio de los dioses, a favor o en contra, determinaría el resultado para el consultante. Por los mismos motivos también rendían culto a diferentes animales y objetos que para ellos significaban manifestaciones de los dioses, y por ello eran sagrados e intocables. Algunos hombres privilegiados semidivinos, como el faraón, tenían objetos sagrados como el cetro; en virtud de que los dioses confiaban en ellos, el pueblo los adoraba y obedecía.

En cada una de las láminas hay un dios o un animal sagrado. Para el resultado será fundamental la presencia de los dioses por el sentido mágico del *destino.*

Veremos a continuación las relaciones que se establecen:

DEIDADES ASOCIADAS A UN ACTO

Osiris:	La verdad	n.º 1	El Mago
Isis:	Fecundidad	n.º 2	La Sacerdotisa
Neftis:	Señora del Castillo	n.º 3	La Reina
Horus:	Esperanza en la venganza .	n.º 4	El Faraón
Seth:	Tinieblas, oscuridad	n.º 5	El Hierofante
Amón:	Muy secreto. Procreación .	n.º 6	El Deseo
Anubis:	Protector. Justicia	n.º 7	El Carro
Maat:	El juicio	n.º 8	La Justicia
Konsu:	La espera, la nada	n.º 9	El Ermitaño
Mut:	La madre	n.º 10	La Fortuna
Sekmet:	La guerra	n.º 11	La Fuerza
Pta:	La luz en el camino	n.º 12	El Colgado
Amón-Ra:	Supremo	n.º 13	La Muerte
Nefertem:	Experiencia	n.º 14	La Templanza
Menkeret:	La maldad	n.º 15	El Mal
Ra:	Vida	n.º 16	La Destrucción
Khunum:	Creación, inicio	n.º 17	El Destino
Khepri:	La alegría	n.º 18	La Luna
Geb:	La tierra	n.º 19	El Sol
Atón:	El esfuerzo	n.º 20	El Juicio Final
Shu:	La rapidez	n.º 21	El Mundo
Neith:	Aciertos	n.º 22	El Loco
Nekhbet:	La inteligencia	n.º 23	El Comienzo
Tefnu:	«Lo que ha de venir»	n.º 24	La Actividad
Nun:	El caos	n.º 25	La Conquista
Nut:	El cielo	n.º 26	La Suerte
Tefnet:	El vacío	n.º 27	Imprevisible

Hathor:	Protectora de las mujeres .	n.º 28	La Desesperación
This:	Destructor	n.º 29	La Resignación
Vazit:	Protectora de la tierra	n.º 30	El Comercio
Mertseguer:	El acecho, el espía	n.º 31	Los Problemas
Thot:	Sabio, la palabra, la inteligencia	n.º 32	La Generosidad
Hapi:	Suerte	n.º 33	Los Pactos
Sobek:	La lucha	n.º 34	Los Cambios
Min:	El sexo	n.º 35	Las Penas
Bast:	El amor, la guerra, la vida .	n.º 36	La Guerra
Atum:	La causa	n.º 37	El Saber
Meskenet:	Protectora de los partos . .	n.º 38	La Infidelidad
Amset:	Protectora del hígado	n.º 39	El Testamento
Renenut:	Protectora del crecimiento	n.º 40	La Intuición
Montuera:	La batalla	n.º 41	La Angustia
Ut:	Resurrección	n.º 42	La Tenacidad
Tut:	El doble	n.º 43	La Desolación
Renpu:	Renovación	n.º 44	La Solución
Atón-Ra:	El primogénito	n.º 45	La Innovación
Osiris-Tifon:	La maldad	n.º 46	El Resultado
Osiris-Lunus:	El inconsciente	n.º 47	La Conclusión
Osiris-Horus:	La mente	n.º 48	El Logro
Osiris-Pta:	El espíritu	n.º 49	La Dualidad
Gato:	Sabio	n.º 50	Compenetración
Halcón:	Fuerza	n.º 51	El Consejo
Mono:	Habilidad	n.º 52	La Planificación
Pluma:	Rango	n.º 53	El Rencor
Ibis:	Alcurnia, honor	n.º 54	La Observación
Chacal:	Astucia	n.º 55	El Duelo

Buey:	Claridad	n.º 56	La Búsqueda
Serpiente:	Cautela	n.º 57	La Defensa
Estrella:	Luz	n.º 58	La Cautela
Rayo:	Poder	n.º 59	Descubrimiento
Carnero:	Dulzura	n.º 60	El Avance
Planeta:	Lugar	n.º 61	El Aislamiento
León:	Dureza	n.º 62	La Autoridad
Mano:	Pacto	n.º 63	La Unión
Búho:	Observación	n.º 64	Condescendencia
Lobo:	Rapidez	n.º 65	La Enseñanza
Espada:	Lucha	n.º 66	La Sorpresa
Hipopótamo:	La fecundidad	n.º 67	La Amistad
Cocodrilo:	Acción	n.º 68	El Negocio
Pájaro:	Libertad	n.º 69	La Casualidad
Escarabajo:	Vitalidad	n.º 70	El Equipo
Vasijas:	Lo que se guarda	n.º 71	La Conservación
Pez:	Valor purificador	n.º 72	Lo Digno
Vaca:	Fecundidad	n.º 73	La Obsesión
Agua:	Paz	n.º 74	Nacimiento
Corona:	Herencia	n.º 75	La Vida
Balanza:	Medida justa	n.º 76	Repartir
Llave:	Tiempo	n.º 77	El Desequilibrio
Cetro:	Mando	n.º 78	El Renacer

La Reina 3
El Destino 17
La Fortuna 10
El Mal 15
El Mundo 21
El Juicio Final 20
La Sacerdotisa 2
El Sol 19
El Hierofante 5
La Justicia 8
La Luna 18
El Deseo 6
El Colgado 12
La Destruccion 16
El Faraón 4
La Templanza 14
El Mago 1
El Carro 7
El Ermitaño 9
La Muerte 13
El Loco 22
La Fuerza 11

LOS ARCANOS Y EL HOMBRE

El nombre que recibe cada uno de los Arcanos tiene su origen en la tradición esotérica. El ser en su esencia experimentó dos evoluciones, la primera en forma de espíritu luminoso que correspondería a los Arcanos Mayores, y la segunda que corresponde al hombre terrenal en sus defectos y virtudes como ser material.

Así, los 22 Arcanos Mayores son 22 entidades espirituales que formaron al hombre como expresión del ser, en su manifestación divina, como parte del *Todo.*

ARCANOS MAYORES

El espíritu del Mago creó la mente para que en ella la Sacerdotisa pusiera la sabia inteligencia. La Reina creó el cuerpo, cuyo valor puso el Faraón que le dio movimiento. Pero sería insuficiente si el Hierofante no hubiera creado la memoria. El Deseo apareció para regalarle el placer y el Carro lo impulsó con el afán de buscar. La Justicia ordenó sus pensamientos para que aquel ser tuviera equilibrio. Pero el espíritu del Ermitaño lo encontró demasiado inquieto, y así lo dotó de la calma. El espíritu de la Fortuna le regaló la suerte, y la Fuerza el dominio de la razón. El Colgado le proporcionó el dolor y la Muerte le dio el sentido de trasmutación. La Templanza le regaló el amor. El Mal quiso ser espléndido y por ello le otorgó la Destrucción; viendo esto, el espíritu de la destrucción quiso regalar al nuevo ser algo distinto y creó la capacidad de olvidar. El Destino le marcó unas leyes que debía superar. Por eso la Luna le ofreció la duda y el Sol la sonrisa. El espíritu del Juicio Final le concedió el don de la espera. El Mundo y El Loco le sugirieron el concepto de libertad; con todos estos elementos nació el *hombre terrenal.*

1 EL MAGO

Significado simbológico

PARTE SUPERIOR

El halcón simboliza al dios Horus. Es un ave sagrada que mantiene al pueblo protegido bajo sus alas. Los ojos hacen referencia a los ojos de Horus, que todo lo ven, y a su dominio sobre el Sol y la Luna. La serpiente representa el poder.

PARTE CENTRAL

Un hombre, haciendo referencia a Osiris, que enseña a los hombres a cultivar la tierra, tallar estatuas, fomentar la paz y la resurrección en la otra vida.
El cetro, símbolo sagrado.
La llave de la larga vida de los egipcios.
En la mesa, la balanza representa el juicio en el más allá; el cuchillo, la justicia y la moneda, el poder material.

PARTE INFERIOR

El sol, símbolo de vida.

Respuesta inconsciente

REPRESENTACIÓN NUMEROLÓGICA: 1 = 1

Es la unidad, la esencia primitiva, el punto no manifestado, el padre creador, lo masculino.

«La luz que invade todo y todo vuelve a su punto de origen». Pureza. Armonía.

CORRELACIÓN ASTROLÓGICA: Sol en Leo. Creativo, generoso, humanitario, majestuoso. Le gusta hacer notar su presencia y dejar clara su capacidad de poder. Espiritualmente su máxima fuerza está en su manifestación humana.

LETRA HEBREA: Áleph. Es el guía. Buey.

Respuesta consciente

DEIDAD EGIPCIA: Osiris. La verdad.

SIGNIFICADO ADIVINATORIO: Dominio y buena fortuna en cualquier situación. El consultante es un ser brillante y los demás le tienen celos; la suerte le sonreirá, pero habrá quien lo considere injusto, pero no importa porque él saldrá triunfante y quienes no sientan simpatía tampoco lo exteriorizarán porque le temerán.

ETERNA TRASCENDENCIA: «La suerte en tu camino».

DENOMINACIÓN DE LA LÁMINA: El Mago.

2 LA SACERDOTISA

Significado simbológico

PARTE SUPERIOR

El gato, animal sagrado, representa la sabiduría y la protección. La lámpara significa la luz perpetua que deja ver el camino a los hombres.

PARTE CENTRAL

El templo es el lugar sagrado en el que sólo los hombres elegidos por los dioses pueden estar (sumos sacerdotes).
La mujer representa la diosa Isis, la madre, la esposa que ama, la diosa que sabe recomponer lo destruido. Su corona representa el disco solar con los cuernos porque está en actitud de comprender la vida.
El papiro contiene un mensaje que la diosa Isis conoce.
El trono en el que la diosa está sentada, esperando los acontecimientos que ella ya conoce.

PARTE INFERIOR

El ibis, ave sagrada, simboliza la elevación a los cielos.

Respuesta inconsciente

REPRESENTACIÓN NUMEROLÓGICA: 2 = 2

La dualidad positiva y negativa. Lo femenino. La madre divina. Lo opuesto de la naturaleza, el bien y el mal. El binario, el estado impuro. Es el contraste. Los pitagóricos defendían la teoría de que cuando el primer ser se separó de la mónada, se convirtió en el estado imperfecto en el que el bien y el mal se dividieron.

CORRELACIÓN ASTROLÓGICA: Luna en Cáncer. Imaginativo, sensible, razonable, tranquilo. Le gusta sorprender con sus análisis exhaustivos, demostrando su capacidad mental. Espiritualmente, su máxima fuerza es la compasión hacia los demás.

LETRA HEBREA: Beth. Es la ensoñación sabia y la iluminación.

RESPUESTA CONSCIENTE

DEIDAD EGIPCIA: Isis. La fecundidad.

SIGNIFICADO ADIVINATORIO: Es la inteligencia sabiamente aplicada. Si la situación es difícil se salvará al máximo. Si es favorable es el máximo partido. Es la experiencia sabia lo que domina la situación.

ETERNA TRASCENDENCIA: «La luz en tus pensamientos».

DENOMINACIÓN DE LA LÁMINA: La Sacerdotisa.

3 LA REINA

Significado simbológico

PARTE SUPERIOR
Una llave, es el «ank», la llave de larga vida egipcia.
El cetro, símbolo de poder.

PARTE CENTRAL
Obelisco, como alegoría del poder de la diosa Neftis en la tierra. En él se intensifica el sentido de «lugar» donde habitan las tinieblas. Mujer, que representa a Neftis, la «Señora del castillo», la reina fiel a pesar de los errores de su esposo. El trono, situación de espera de los acontecimientos.

PARTE INFERIOR
La pirámide representa la inmortalidad.
El oasis, la vida, en este caso la terrenal frente a la inmortal.

Respuesta inconsciente

REPRESENTACIÓN NUMEROLÓGICA: 3 = 3
Regeneración de la naturaleza. El hijo nacido del padre y de la madre es la *consecuencia.* Es el símbolo de lo divinizado, con las tres partes: creación, equilibrio y destrucción. La fecundidad. El logos. El triángulo.

CORRELACIÓN ASTROLÓGICA: Júpiter en Sagitario. Optimismo, jovialidad, inteligencia, amplitud mental. Las reuniones y fiestas son necesarias para ser feliz. No concibe el mundo sin multitudes. Espiritualmente su fuerza está en el optimismo que es capaz de compartir.

LETRA HEBREA: Ghímel. Es el dinamismo y la vitalidad.

RESPUESTA CONSCIENTE

DEIDAD EGIPCIA: Neftis. Señora del castillo.

SIGNIFICADO ADIVINATORIO: Es la fuerza de la persuasión. El éxito en las empresas. El dinero que llega. La respuesta a nuestro favor. Es el agradecimiento de los demás para con nuestra persona.

ETERNA TRASCENDENCIA: «Tus sueños se realizarán».

DENOMINACIÓN DE LA LÁMINA: La Reina.

4 EL FARAÓN

Significado simbológico

parte superior

El león es la ferocidad, el elemento fuego.
Un puñal, arma que indica poder y destrucción.

parte central

Un hombre sentado en un trono; es el faraón, la representación de Horus en la Tierra. El Horus vengador que manda y gobierna sobre los hombres y va a dignificar a su padre Osiris, por ello sus brazos están en la misma posición que los suyos (en cruz). Espera el momento de actuar para destruir al enemigo.

Parte inferior

El sarcófago simboliza la inmortalidad más allá de la muerte.

Respuesta inconsciente

representación numerológica: 4 = 4
Es la forma, los cuatro elementos: aire, agua, fuego, tierra. La manifestación terrenal. El poder, la fuerza. El *tetragrámmaton* de cuatro letras. El cuadrado perfecto, el *tetraktys, el no ser* ilimitado y absoluto.

correlación astrológica: Urano en Acuario. Independencia, originalidad, invención, sin restricciones ni límites. Hasta el fin. Le gusta la improvisación siempre que sea voluntaria. Espiritualmente su fuerza está en su falta de límite en sus creencias, ya que siempre llega a las últimas consecuencias.

LETRA HEBREA: Dáleth. Es el poder y la autoridad.

Respuesta consciente

DEIDAD EGIPCIA: Horus. Esperanza en la venganza.

SIGNIFICADO ADIVINATORIO: La constancia traerá la solución. Es el mando conseguido con sangre. La institución, el título, el carisma del propio creador. La lucha que se realiza en el momento de ser atacado.

ETERNA TRASCENDENCIA: «La fuerza no tiene piedad».

DENOMINACIÓN DE LA LÁMINA: El Faraón.

5 EL HIEROFANTE

Significado simbológico

PARTE SUPERIOR

El mono, animal sagrado, es una de las formas adoptadas por el sabio dios Thot, escribano de los dioses en el juicio del más allá. En la balanza se pesa el sentimiento y la inteligencia (papiro), y el dios Thot lo contempla.

PARTE CENTRAL

Es el dios Seth caminando hacia la oscuridad de su pasado. Busca en su expresión de dios el porqué de las tinieblas en la oscuridad que se ve detrás de la puerta. Su cabeza de chacal significa que está al acecho, pero mira hacia la izquierda porque no ve el futuro.

PARTE INFERIOR

La barca representa el camino a través del Nilo subterráneo al mundo de los muertos. La barca es el símbolo del lejano viaje.

Respuesta inconsciente

REPRESENTACIÓN NUMEROLÓGICA: 5 = 5

La mente, el quinto pedestal, el espíritu mental, la pirámide, el pentagrama, la estrella de cinco puntas, el hombre, la nada.

CORRELACIÓN ASTROLÓGICA: Mercurio en Virgo. Polémico, guerrero mental y rapidez de pensamiento. Su necesidad de saber le obliga a conocer en profundidad las tragedias humanas. No teme la soledad. Su fuerza espiritual es su capacidad de razonar, que le ayuda a vivir su verdad interior sin perder su saber en las banalidades humanas.

LETRA HEBREA: He. Es la iniciación oculta.

RESPUESTA CONSCIENTE:

DEIDAD EGIPCIA: Seth. Tinieblas, oscuridad.

SIGNIFICADO ADIVINATORIO: Reencuentro con el pasado. Pensamientos sobre el ayer que se pretende sea mejor que el presente. Por eso la enseñanza es una forma de distracción. Viajes buscando orígenes. Actitudes vacías y sin sentido con los amigos. Oscuridad dentro de uno mismo disfrazada de excusa.

ETERNA TRASCENDENCIA: «Corre, te lo exige el miedo, pero no se lo cuentes a nadie».

DENOMINACIÓN DE LA LÁMINA: El Hierofante.

6 EL DESEO

Significado simbológico

PARTE SUPERIOR

El arquero representa a un hombre divinizado (por su posición en alto). Persigue un objetivo concreto, influir sobre la mujer de la parte central.

PARTE CENTRAL

Un hombre y una mujer que se miran con intensidad, reflejan la pasión. Ella le llama y él camina hacia ella. En medio de ellos dos, un obelisco, a modo de obstáculo; detrás otro hombre está al acecho espiándolos y se mantiene alejado, en secreto. El conjunto de esta parte está asociado al dios Amón, que es la procreación (hombre-mujer) y el secreto (el espía).

PARTE INFERIOR

Los peces son la procreación, la abundancia, lo fecundo, la riqueza.

Respuesta inconsciente

REPRESENTACIÓN NUMEROLÓGICA: 6 = 6

La triple forma, el triple espíritu, la serpiente que se muerde la cola, el círculo y el camino, la inversión del nueve. La estrella de seis puntas, el sello de salomón, la verdad en todas sus manifestaciones terrenales.

CORRELACIÓN ASTROLÓGICA: Venus en Tauro. Es artista, selecto, distinguido. Amable, adaptable, tranquilo. Es feliz en un mundo sin preocupaciones, no las quiere y no las comprende, le abruman y agobian, son su peor enemigo. Su fuerza espiritual está en su innata distinción que le impide ser vulgar.

LETRA HEBREA: Vau. Es la ley natural. El bien y el mal.

Respuesta consciente

DEIDAD EGIPCIA: Amón. Muy secreto. Procreación.

SIGNIFICADO ADIVINATORIO: La pasión en algo o alguien. El placer mental o físico. La lucha entre la sensación y la razón. El adulterio en la mayoría de los casos; éste puede ocurrir por traicionar a una amistad, ya que hay lealtades que no se escriben en un papel, sólo en el alma.

ETERNA TRASCENDENCIA: «Fuego interno, me consumes, no me destruyas, por favor».

DENOMINACIÓN DE LA LÁMINA: El Deseo.

7 EL CARRO

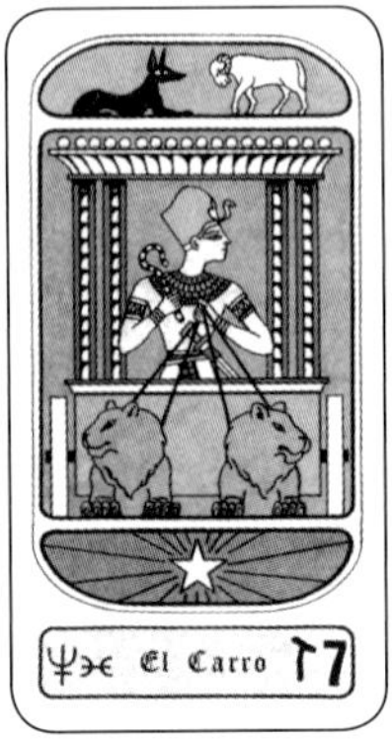

Significado simbológico

PARTE SUPERIOR

El chacal representa la encarnación del dios Anubis y por ello se considera animal sagrado. Es el protector de la necrópolis.

El carnero es la representación del dios Amón en el Imperio Nuevo: creador del país del Nilo y progenitor de los faraones. Simboliza la dulzura y el poder divinizado.

El chacal y el carnero se miran, ambos se observan y están a la espera.

PARTE CENTRAL

Un hombre que va en un carro y sostiene las riendas dominando a los leones, en sus manos un cetro como símbolo de poder. Representa al dios Anubis que marcha hacia un objetivo en su poderoso carro atravesando dificultades.

PARTE INFERIOR

Estrella en el cielo, significando que los dioses están a tus pies.

Respuesta inconsciente

REPRESENTACIÓN NUMEROLÓGICA: 7 = 7

Es el número mágico. La magia del sentimiento y la nueva creación. Siete notas musicales. Siete colores. Los siete días de la creación del mundo.

Siete iniciaciones diferentes. Siete poderes mentales. Siete culminaciones. Los mundos materiales caminan hacia los inmateriales. Son los cambios imparables en los ciclos de la vida.

CORRELACIÓN ASTROLÓGICA: Neptuno en Piscis. Idealista sutil, innovador creativo, espiritual y sensible. Se encuentra en las causas perdidas y en el dolor. Su fuerza espiritual es la fe en un ideal o en sí mismo.

LETRA HEBREA: Zaïn. Es el triunfo misterioso. El elegido.

RESPUESTA CONSCIENTE

DEIDAD EGIPCIA: Anubis. Protector. Justicia.

SIGNIFICADO ADIVINATORIO: Satisfacción. Salvar el honor. Viajar, rapidez en las vivencias, no habrá tiempo para vacíos ni soledad; pero conquistarás tu honra y la gloria vendrá después.

ETERNA TRASCENDENCIA: «Por una vez serás tú el dios».

DENOMINACIÓN DE LA LÁMINA: El Carro.

8 LA JUSTICIA

SIGNIFICADO SIMBOLÓGICO

PARTE SUPERIOR
El búho, animal sagrado, simboliza la observación. El papiro y la pluma; la verdad se escribe durante el juicio a que es sometido el difunto.

PARTE CENTRAL
La diosa Maat, diosa de la justicia, con su balanza; en uno de los platillos sitúa el alma del difunto, y en el otro la pluma de la verdad. El puñal representa el poder.

PARTE INFERIOR
El pez se identifica con la vida, la fecundidad, tiene una fuerza purificadora. Representa el poder del más grande que se come a otro más pequeño. Simboliza la verdad y el poder inexorable de los dioses sobre el alma.

RESPUESTA INCONSCIENTE

REPRESENTACIÓN NUMEROLÓGICA: 8 = 8
La polaridad masculina y femenina en el mundo inmaterial. La recompensa por redimirse de los placeres materiales. La fuerza superior del hombre ha vencido a la inferior. La conciencia es la reina.

CORRELACIÓN ASTROLÓGICA: Saturno en Capricornio. Práctico, cauteloso, paciente y digno, voluntarioso y resistente. Se encuentra en situaciones donde la paciencia y la perseverancia son la nota dominante. Su fuerza espiritual está en su capacidad de resistencia.

LETRA HEBREA: Heth. Es la razón. El conocimiento.

RESPUESTA CONSCIENTE

DEIDAD EGIPCIA: Maat. El juicio.

SIGNIFICADO ADIVINATORIO: La ley dictará sentencia; aunque no lo parezca serán los dioses quienes juzguen, no los hombres; por ello, todo tu pasado será sopesado, y tu fe y tu habilidad darán la respuesta. Cambio de fortuna.

ETERNA TRASCENDENCIA: «Recuerda que se juzga tu valor, no tu honra».

DENOMINACIÓN DE LA LÁMINA: La Justicia.

9 EL ERMITAÑO

SIGNIFICADO SIMBOLÓGICO

PARTE SUPERIOR

Una nube representando el elemento agua: la vida, la receptividad, la paz.
El viento situado frente a la nube es la fuerza del aire que se mueve en solitario. La nube y el viento van en distintos sentidos.

PARTE CENTRAL

El dios Konsu, al principio, era un dios lunar: viajero y navegante; más tarde fue un dios consejero y curador, alejaba los espíritus malignos. El hombre que va andando por el desierto se apoya en un cetro de mando y se alumbra con una lámpara; aunque es de día, él lo ignora. Simboliza la búsqueda de un lugar mejor.

PARTE INFERIOR

Las flores germinadas, y las que aún no lo están, significan la felicidad actual y la venidera.

RESPUESTA INCONSCIENTE

REPRESENTACIÓN NUMEROLÓGICA: 9 = 9

Nueve meses de gestación. El estado de espera, la etapa final. Lo absoluto y relativo. Lo concreto fusionado con lo abstracto. La cima final, la más dolorosa, el recuerdo más vivo, el fin justifica los medios. La iluminación interna.

CORRELACIÓN ASTROLÓGICA: Marte en Aries. La libertad, la defensa, la energía, la estrategia. Se encuentra en batallas mentales o físicas, pero siempre descubriendo su espíritu, nunca en las sombras. Su fuerza espiritual es la energía.

LETRA HEBREA: Teth. Es el Impenetrable.

Respuesta consciente

DEIDAD EGIPCIA: Konsu. La espera, la nada.

SIGNIFICADO ADIVINATORIO: La intuición que se encamina hacia un objetivo nuevo, a veces en compañía de alguien trascendental en nuestra vida con quien la compenetración mental es máxima. Cambio de casa, de trabajo, o de la forma externa que te envuelve.

ETERNA TRASCENDENCIA: «Sufrirás, pero lo que buscas encontrarás».

DENOMINACIÓN DE LA LÁMINA: El Ermitaño.

10 LA FORTUNA

Significado simbológico

PARTE SUPERIOR

Es un ser alado en posición de reposo. Representa el alma del difunto al que ya no importa la parte material de la vida.

PARTE CENTRAL

Una rueda en la que giran tres personajes: el dios Horus con cabeza de halcón, el dios Anubis con cabeza de chacal y un hombre sentado en lo alto de la rueda. El espíritu de la diosa Mut hace que Horus el vengador inicie el giro de la rueda de la vida. El hombre descenderá hasta Anubis protector de la justicia, el cual presidirá el embalsamamiento del cuerpo y acompañará su alma hasta el mundo de los muertos.

PARTE INFERIOR

El carnero alude al dios Amón, «poder divinizado», frente a la serpiente que con gesto amenazador se erige ante él. La serpiente, animal sagrado, está en actitud cautelosa y desafiante. Simbolizan la dulzura y la maldad frente a frente.

Respuesta inconsciente

REPRESENTACIÓN NUMEROLÓGICA: 10 = 1 + 0 = 1

Es la unidad, la esencia primitiva, el punto no manifestado, el padre, el poder creador, lo masculino. «La luz que invade todo y todo vuelve a su punto de origen». Pureza. Armonía.

CORRELACIÓN ASTROLÓGICA: Plutón en Escorpión. El inicio, el comienzo, la destrucción para la construcción. Se encuentra en las situaciones nuevas en las que el pasado no tiene importancia. Su fuerza espiritual está en su capacidad de renovación.

LETRA HEBREA: Iod. Es la compensación. Karma.

RESPUESTA CONSCIENTE

DEIDAD EGIPCIA: Mut. La madre.

SIGNIFICADO ADIVINATORIO: Son situaciones que se repiten. La fortuna llama a tu puerta. Si lo que tienes no te pertenece, lo perderás. Si nada tienes, mucho ganarás.

ETERNA TRASCENDENCIA: «Haz que tu moral permanezca intacta, o no serás feliz».

DENOMINACIÓN DE LA LÁMINA: La Fortuna.

11 LA FUERZA

Significado simbológico

PARTE SUPERIOR
El mundo representa un lugar del continente africano (Egipto). La espada representa la lucha que atraviesa el mundo.

PARTE CENTRAL
Una mujer que representa a una reina: la diosa Sekmet en lucha contra el poder absurdo de los hombres a los que domina, simbólicamente, sosteniendo las fauces de su león.

PARTE INFERIOR
Un desierto con una única montaña como signo de vida, aunque mortecina. Es la esterilidad de la lucha en la que no hay vencedores.

Respuesta inconsciente

REPRESENTACIÓN NUMEROLÓGICA: 11 = 1 + 1 = 2
La dualidad positiva y negativa. Lo femenino. La madre divina. Lo opuesto de la naturaleza, el bien y el mal. El binario, el estado impuro. Es el contraste. Los pitagóricos defendían la teoría de que cuando el primer ser se separó de la mónada se convirtió en un estado imperfecto en el que el bien y el mal se dividieron.

CORRELACIÓN ASTROLÓGICA: Sol exaltado en Aries. «El sabio a medias, reconociendo la irrealidad relativa del universo, se imagina que puede desafiar sus leyes. Ése no es más que un tonto vano y presuntuoso que se estrellará contra las rocas y será aplastado por los elementos, en razón de su locura». *Kybalion.*

LETRA HEBREA: Khaph. Es el convencimiento. Sinuosidad.

Respuesta consciente

DEIDAD EGIPCIA: Sekmet. La guerra.

SIGNIFICADO ADIVINATORIO: habrá traiciones, soledad, ruina material, pero lo resistirás y encontrarás la fuerza de los dioses para triunfar.

ETERNA TRASCENDENCIA: «Quien hoy te apuñala, mañana te pedirá piedad».

DENOMINACIÓN DE LA LÁMINA: la Fuerza.

12 EL COLGADO

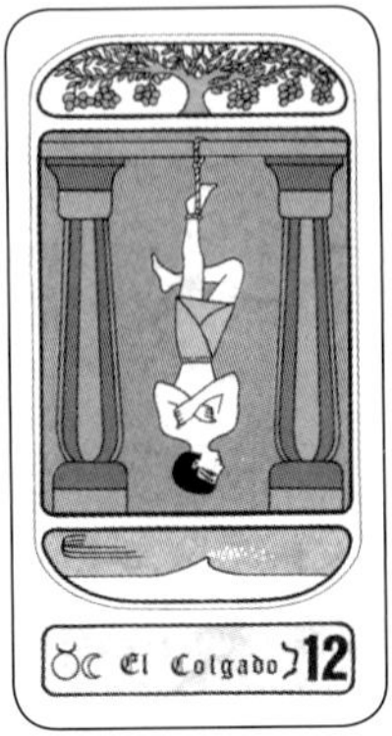

Significado simbológico

PARTE SUPERIOR

Un árbol en el que hay unos frutos: es la vida.

PARTE CENTRAL

Un hombre que está cabeza abajo, colgado de un pie, entre dos columnas. Representa al dios Pta. Es la luz en el camino entre lo material (las columnas).

PARTE INFERIOR

Viento, su corriente va en sentido contrario a la de la arena del desierto. La arena representa el elemento tierra. Es la disconformidad de los dos elementos.

Respuesta inconsciente

REPRESENTACIÓN NUMEROLÓGICA: 12 = 1 + 2 = 3

Regeneración de la naturaleza. El hijo nacido del padre y de la madre, es la *consecuencia.* Es el símbolo de lo divinizado, con las tres partes: creación, equilibrio y destrucción. La fecundidad. El logos. El triángulo.

CORRELACIÓN ASTROLÓGICA: La Luna exaltada en Tauro. «El verdadero sabio, conociendo la naturaleza del universo, emplea la ley contra las leyes: las superiores contra las inferiores, y por medio de la alquimia trasmuta lo que no es deseable en lo valioso y de esta manera triunfa. La iniciación consiste no en sueños anormales, visiones o imágenes fantasmagóricas, sino en el sabio empleo de las fuerzas superiores contra las inferiores». *Kybalion.*

LETRA HEBREA: Lámed. Es el sacrificio.

RESPUESTA CONSCIENTE

DEIDAD EGIPCIA: Pta. La luz en el camino.

SIGNIFICADO ADIVINATORIO: Las cosas no son como pensabas; cuando decidas admitirlo, habrán desaparecido tus lágrimas. Sufrirás.

ETERNA TRASCENDENCIA: «Todo crece y muere, no lo olvides nunca más».

DENOMINACIÓN DE LA LÁMINA: El Colgado.

13 LA MUERTE

Significado simbológico

PARTE SUPERIOR

Un ave con la cabeza inclinada hacia el centro de la carta. Simboliza el ave sagrada que va en busca del alma para llevarla al mundo de los muertos, al juicio de Osiris.

PARTE CENTRAL

Es Amón-Ra que con su guadaña siega el trigo situado frente a la pirámide. La cámara mortuoria está a la espera del difunto.

PARTE INFERIOR

Dos elementos juntos pero no unidos: fuego y agua. Son la destrucción y la vida. Conviven porque es el momento de la *trasformación.*

Respuesta inconsciente

REPRESENTACIÓN NUMEROLÓGICA: 13 = 1 + 3 = 4

Es la forma, los cuatro elementos: aire, agua, fuego, tierra. La manifestación terrenal. El poder, la fuerza, *el tetragrámmaton* de cuatro letras. El cuadrado perfecto, el *tetraktys,* el no ser ilimitado y absoluto. Raíz del todo.

CORRELACIÓN ASTROLÓGICA: Mercurio exaltado en Géminis. «La trasmutación (no la negativa presuntuosa), es el arma del maestro». *Kybalion.*

LETRA HEBREA: Mem. Es el agua purificadora. Curación.

Respuesta consciente

DEIDAD EGIPCIA: Amón-Ra. Supremo.

SIGNIFICADO ADIVINATORIO: Desaparece alguien, algo. Es una situación nueva en la que nada tiene que ver con lo que había. Si la situación actual es buena, el cambio será malo. Si la situación actual es mala, el cambio es para mejor.

ETERNA TRASCENDENCIA: «Es el momento de reír o sufrir; en cualquier caso, calma».

DENOMINACIÓN DE LA LÁMINA: La Muerte.

14 LA TEMPLANZA

Significado simbológico

PARTE SUPERIOR

Una estrella que simboliza el camino, el destino.
El pájaro posado sobre la estrella, significa el alma que sigue su camino.

PARTE CENTRAL

Mujer que mientras sostiene dos vasijas vierte el agua (símbolo de vida) de una a la otra. Hace referencia a la diosa Nefertem.
El ave ibis es símbolo de alcurnia.

PARTE INFERIOR

El jardín representa las flores de la vida. El resurgimiento.

Respuesta inconsciente

REPRESENTACIÓN NUMEROLÓGICA: 14 = 1 + 4 = 5
La mente, el quinto pedestal, el espíritu mental, la pirámide, el pentagrama, la estrella de cinco puntas, el hombre, la nada.

CORRELACIÓN ASTROLÓGICA: Júpiter exaltado en Cáncer. «Como arriba es abajo, como abajo es arriba». *Kybalion.*

LETRA HEBREA: Nun. Idea y verbo. Plasmación.

Respuesta consciente

Deidad egipcia: Nefertem. Experiencia.

Significado adivinatorio: Es el amor a Dios o a los hombres. Es el sacerdocio o el matrimonio, pero hay amor y buena voluntad.

Eterna trascendencia: «Un ángel ha venido a ayudarte».

Denominación de la lámina: La Templanza.

15 EL MAL

Significado simbológico

PARTE SUPERIOR

La serpiente es el poder del mal que arrastramos del pasado (mira hacia la izquierda).

PARTE CENTRAL

Un ser con cabeza de macho cabrío que sostiene dos cetros: uno, con cabeza de serpiente, simboliza el poder; el otro representa la magia, la trasmutación. Alude al dios Menkeret, la maldad que viene desde el principio de los tiempos (mira a la izquierda).

PARTE INFERIOR

Dos caras que están unidas, la de la izquierda representa la maldad, la de la derecha la bondad.

Respuesta inconsciente

REPRESENTACIÓN NUMEROLÓGICA: 15 = 1 + 5 = 6.

La triple forma, el triple espíritu, la serpiente que se muerde la cola, el círculo y el camino, la inversión del nueve. La estrella de seis puntas, el sello de Salomón, la verdad en todas sus manifestaciones terrenales.

CORRELACIÓN ASTROLÓGICA: Neptuno exaltado en Leo. «Nada reposa, todo se mueve, todo vibra». *Kybalion.*

LETRA HEBREA: Sámekh. Es el fuego creador.

Respuesta consciente

DEIDAD EGIPCIA: Menkeret. La maldad.

SIGNIFICADO ADIVINATORIO: La violencia, la controversia, la maldad, la falsedad, el engaño, la decepción, la obsesión. La traición, el ansia. Los deseos no los consigues.

ETERNA TRASCENDENCIA: «Sufriendo se aprende y se pagan las deudas de este mundo».

DENOMINACIÓN DE LA LÁMINA: El Mal.

16 LA DESTRUCCIÓN

Significado simbológico

PARTE SUPERIOR

Un sol, que significa la vida, se acerca a un escarabajo que representa la vida manifestada en su forma sagrada y absoluta.

PARTE CENTRAL

Una pirámide es atravesada por un rayo, enviado por Ra, como símbolo del castigo a los hombres que no han sabido valorar la vida en este ciclo de existencia. Uno de los hombres cae, pero otro asciende por entre los escombros porque es el que aprende del castigo. La mitad de la pirámide está intacta. No es una destrucción total.

PARTE INFERIOR

Un búho con gesto observador y la llave de la larga vida que indica existencia a pesar de los desastres.

Respuesta inconsciente

REPRESENTACIÓN NUMEROLÓGICA: 16 = 1 + 6 = 7

Es el número mágico. La magia del sentimiento y la nueva creación. Siete notas musicales. Siete colores. Los siete días de la creación del mundo. Siete iniciaciones diferentes. Siete poderes mentales. Siete culminaciones.

Los mundos materiales caminan hacia los inmateriales. Son los cambios imparables en los ciclos de la vida.

CORRELACIÓN ASTROLÓGICA: Mercurio exaltado en Virgo. (El universo es una creación mental, sostenida en la mente del *Todo). Kybalion.*

LETRA HEBREA: Ain. Vigilancia. Temporal.

Respuesta consciente

DEIDAD EGIPCIA: Ra. Vida.

SIGNIFICADO ADIVINATORIO: El impacto, esperado o provocado. Es la reacción lógica de una suma de causas que han escapado a nuestro entendimiento, pero no a nuestro corazón. Será bueno el resultado si lo que se arrastra es positivo; si no, es una gran destrucción.

ETERNA TRASCENDENCIA: «Lo que necesitabas para liberarte era llegar a este momento».

DENOMINACIÓN DE LA LÁMINA: La Destrucción.

17 EL DESTINO

Significado simbológico

PARTE SUPERIOR
Siete estrellas que configuran la costelación del Carro. Es el camino del Destino.

PARTE CENTRAL
Una mujer que vierte agua a derecha e izquierda en un lago. Representa al dios Khunum; es la creación del *Todo* a través del elemento agua que da la vida.

PARTE INFERIOR
La luna, que está sumergida en el agua, simboliza la intuición, la creación y la vida. La paz y la armonía del universo.

Respuesta inconsciente

REPRESENTACIÓN NUMEROLÓGICA: 17 = 1 + 7 = 8
La polaridad masculina y femenina en el mundo inmaterial. La recompensa por redimirse de los placeres materiales.
La fuerza superior del hombre ha vencido a la inferior. La conciencia es la reina.

CORRELACIÓN ASTROLÓGICA: Saturno exaltado en Libra. «Toda causa tiene su efecto, todo efecto tiene su causa; todo sucede de acuerdo con la Ley; la suerte no es *más* que el nombre que se le da a una ley no conocida por el hombre; hay muchos planos de causalidad, pero nada escapa a la ley». *Kybalion.*

LETRA HEBREA: Phe. Fe. Aliento.

Respuesta consciente

DEIDAD EGIPCIA: Khunum. Creación, inicio.

SIGNIFICADO ADIVINATORIO: El destino, el que te libera dándote un nuevo camino. Es el momento de vivir, no temas, los dioses te protegen. Ahora nacerán nuevas expectativas que marcarán años futuros de tu existencia.

ETERNA TRASCENDENCIA: «Los dioses están a tu favor».

DENOMINACIÓN DE LA LÁMINA: El Destino.

18 LA LUNA

Significado simbológico

PARTE SUPERIOR

Son las tres fases de la Luna: creciente, llena y menguante. Simbolizan la vida, la plenitud y la vejez. Las estrellas son el destino que nos guía.

PARTE CENTRAL

Hay tres pirámides, Keops, Kefrén y Micerinos, con tres perros guardianes. Un gato preside la escena con rostro alegre. Representa la alegría de Khepri, que se encuentra dentro de las pirámides, protegido por el cielo (parte superior) y por los escorpiones (parte inferior).

PARTE INFERIOR

Escorpiones, animales sagrados que se mueven en el interior de la arena del desierto. Es el poder protector con que cuenta Khepri.

Respuesta inconsciente

REPRESENTACIÓN NUMEROLÓGICA: 18 = 1 + 8 = 9

Nueve meses de gestación. El estado de espera, la etapa final. Lo absoluto y relativo. Lo concreto fusionado con lo abstracto. La cima final, la más dolorosa, el recuerdo más vivo, el fin justifica los medios. La iluminación interna.

CORRELACIÓN ASTROLÓGICA: Urano exaltado en Escorpio. «Si bien es cierto que todo está en el *Todo,* no lo es menos que el *Todo* está en todas las cosas. El que comprende esto debidamente, ha adquirido gran conocimiento». *Kybalion.*

LETRA HEBREA: Tzade. Fuerza serpentina. Magnetismo.

Respuesta consciente

DEIDAD EGIPCIA: Khepri. La alegría.

SIGNIFICADO ADIVINATORIO: Deprimirse, estado depresivo que puede traer un tratamiento nervioso. Época conflictiva durante la cual no se ve el final. A veces la causa es física. Fuerzas interiores que se desatan, presentimientos, visiones.

ETERNA TRASCENDENCIA: «Sufrir para entrenarte para una misión, tú eres el elegido».

DENOMINACIÓN DE LA LÁMINA: La Luna.

19 EL SOL

Significado simbológico

PARTE SUPERIOR
El sol fuente de vida, padre de la existencia en la Tierra.

PARTE CENTRAL
Un hombre, una mujer y un joven, simbolizan la vida del ser en la Tierra. Hace referencia al dios Geb.

PARTE INFERIOR
El hipopótamo representa la fecundidad, y significa la continuidad.

Respuesta inconsciente

REPRESENTACIÓN NUMEROLÓGICA: 19 = 1 + 9 = 10 = 1 + 0 = 1
Es la unidad, la esencia primitiva, el punto no manifestado, el padre, el poder creador, lo masculino. «La luz que invade todo y todo vuelve a su punto de origen». Pureza. Armonía.

CORRELACIÓN ASTROLÓGICA: Plutón exaltado en Sagitario. «La generación existe por doquier: todo tiene sus principios masculino y femenino; la generación se manifiesta en todos los planos». *Kybalion.*

LETRA HEBREA: Quoph. Búsqueda misteriosa.

Respuesta consciente

DEIDAD EGIPCIA: Geb. La tierra.

SIGNIFICADO ADIVINATORIO: Felicidad que se comparte. Amigos que nos quieren, amor que nos admira, la vida es un lugar hermoso.

ETERNA TRASCENDENCIA: «Vives en paz con los hombres y con los dioses».

DENOMINACIÓN DE LA LÁMINA: El Sol.

20 EL JUICIO FINAL

Significado simbológico

PARTE SUPERIOR
El dios Anubis frente a Thot el sabio. Figura la llamada del mundo de ultratumba.

PARTE CENTRAL
Un sirviente lleva el sarcófago del faraón en una barca, por el Nilo subterráneo, al mundo de ultratumba. El dios Atón preside el esfuerzo.

PARTE INFERIOR
León alado: se refiere a la fuerza interior del espíritu terrenal.

Respuesta inconsciente

REPRESENTACIÓN NUMEROLÓGICA: 20 = 2 + 0 = 2
La dualidad positiva y negativa. Lo femenino. La madre divina. Lo opuesto de la naturaleza, el bien y el mal. El binario, el estado impuro. Es el contraste. Los pitagóricos defendían la teoría de que cuando el primer ser se separó de la mónada se convirtió en un estado imperfecto en el que el bien y el mal se dividieron.

CORRELACIÓN ASTROLÓGICA: Marte exaltado en Capricornio. «La mente, así como todos los metales y demás elementos pueden ser trasmutados, de estado en estado, de grado en grado, de condición en condición, de polo a polo, de vibración en vibración. La verdadera trasmutación hermética es una práctica, un método, un arte mental». *Kybalion.*

LETRA HEBREA: Resch. Liberación.

Respuesta consciente

DEIDAD EGIPCIA: Atón. El esfuerzo.

SIGNIFICADO ADIVINATORIO: Resurgir. Los que ayer no te quisieron, hoy te querrán, los que te traicionaron, te piden piedad. Tú tienes la fuerza y el valor.

ETERNA TRASCENDENCIA: «No ensucies las manos limpias con barro, porque luego tardarías mucho en sacarlo».

DENOMINACIÓN DE LA LÁMINA: El Juicio Final.

21 EL MUNDO

Significado simbológico

PARTE SUPERIOR
La efigie izquierda simboliza el faraón.
Elemento agua.
La efigie derecha simboliza un águila.
Elemento aire.
Ambas se están mirando.

PARTE CENTRAL
La diosa Shu sostiene una esfera entre sus manos. Contempla con mirada fija y rostro sabio la rapidez con la que suceden los acontecimientos.

PARTE INFERIOR
Efigie izquierda: un león, simboliza el fuego. Efigie derecha, un toro, simboliza la tierra. Los dos se observan.

Respuesta inconsciente

REPRESENTACIÓN NUMEROLÓGICA: 21 = 2 + 1 = 3
Regeneración de la naturaleza. El hijo nacido del padre y de la madre, es la *consecuencia*. Es el símbolo de lo divinizado, con las tres partes: creación, equilibrio y destrucción. La fecundidad. El logos. El triángulo.

CORRELACIÓN ASTROLÓGICA: Neptuno exaltado en Acuario. «En su ausencia, el *Todo* es incognoscible». *Kybalion.*

LETRA HEBREA: Shin. Cambios creadores.

Respuesta consciente

DEIDAD EGIPCIA: Shu. La rapidez.

SIGNIFICADO ADIVINATORIO: Movimiento en los asuntos del corazón y la cabeza, los amigos quieren ayudar, pero sólo tu intervención puede poner fin a los problemas.

ETERNA TRASCENDENCIA: «La circunstancia obliga a demostrar quién eres».

DENOMINACIÓN DE LA LÁMINA: El Mundo.

22 EL LOCO

SIGNIFICADO SIMBOLÓGICO

PARTE SUPERIOR

El cetro, símbolo de poder, está señalando el papiro.
El papiro, signo de sabiduría, representa la grandeza de lo que queda para civilizaciones venideras.

PARTE CENTRAL

Un hombre vestido con una piel. Mira hacia el futuro. En su mano derecha lleva un cetro y en la izquierda la llave de la vida. A sus pies, una serpiente evita que avance. Es Neith, que con sus aciertos busca un futuro. Está seguro de encontrarlo.

PARTE INFERIOR

Un cocodrilo: fiero. Mira hacia arriba con gesto observador. Significa la acción de destruir.

RESPUESTA INCONSCIENTE

REPRESENTACIÓN NUMEROLÓGICA: 22 = 2 + 2 = 4

Es la forma, los cuatro elementos: aire, agua, fuego, tierra. La manifestación terrenal. El poder, la fuerza. El *tetragrámmaton* de cuatro letras. El cuadrado perfecto, el *tetraktys,* el *no ser ilimitado* y absoluto. Raíz de todo.

CORRELACIÓN ASTROLÓGICA: Venus exaltado en Piscis. «Mas el dictamen de la razón debe ser recibido hospitalariamente, y tratado con respeto». *Kybalion.*

LETRA HEBREA: Thaw. Comprensión del todo.

RESPUESTA CONSCIENTE

DEIDAD EGIPCIA: Neith. Aciertos.

SIGNIFICADO ADIVINATORIO: Se vuelve al pasado, pero ya se ha cambiado y todo es distinto; ahora comprendes el ayer, pero el ayer sigue sin comprenderte. Tu suerte está en tu nueva vida.

ETERNA TRASCENDENCIA: «Nada es distinto, nada es igual, todo es permanente».

DENOMINACIÓN DE LA LÁMINA: El Loco.

23 EL COMIENZO

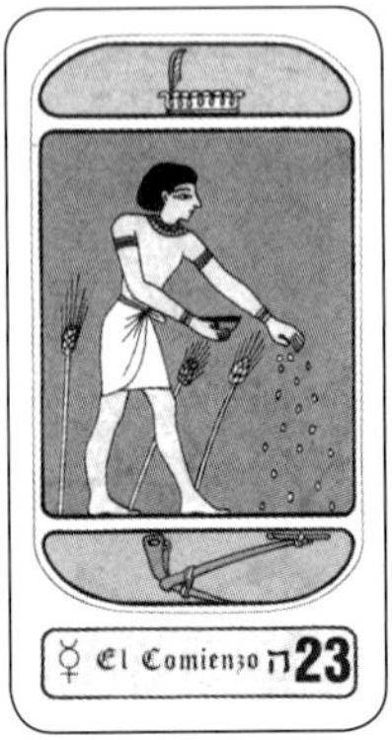

SIGNIFICADO SIMBOLÓGICO

PARTE SUPERIOR
La pluma y la corona son el linaje del hombre en la tierra.

PARTE CENTRAL
Un campo de trigo con un labrador que está esparciendo semillas. Representa la inteligencia.

PARTE INFERIOR
Un arado de estilo egipcio sobre la tierra. La herramienta es el medio para conseguir un fin.

RESPUESTA INCONSCIENTE

REPRESENTACIÓN NUMEROLÓGICA: 23 = 2 + 3 = 5
La mente, el quinto pedestal, el espíritu mental, la pirámide, el pentagrama, la estrella de cinco puntas, el hombre, la nada.

CORRELACIÓN ASTROLÓGICA: Planeta Mercurio. Es la actuación mental positiva que marcará años futuros. Los actos que perduran.

LETRA HEBREA: He. La iniciación.

Respuesta consciente

DEIDAD EGIPCIA: Nekhbet. La inteligencia.

SIGNIFICADO ADIVINATORIO: Es el cambio que dará frutos. El cambio de vida del hombre que busca la paz. Es el aprovechamiento de todo lo que se ha conocido y aprendido. El cambio de casa, de vida. El hijo. El fruto. La semilla que se siembra.

ETERNA TRASCENDENCIA: «Hoy tienes el resultado».

DENOMINACIÓN DE LA LÁMINA: El Comienzo.

24 LA ACTIVIDAD

Significado simbológico

PARTE SUPERIOR
Una serpiente que se muerde la cola. Es el poder del esfuerzo que se ahoga en él mismo.

PARTE CENTRAL
Una mujer sentada que mira a la derecha. Está tejiendo un tapiz de hermosos colores. La protección de Tefnu: «Lo que ha de venir».

PARTE INFERIOR
Una caja egipcia abierta con monedas muestra la escasez. Es el esfuerzo lento.

Respuesta inconsciente

REPRESENTACIÓN NUMEROLÓGICA: 24 = 2 + 4 = 6
La triple forma, el triple espíritu, la serpiente que se muerde la cola, el círculo y el camino, la inversión del nueve. La estrella de seis puntas, el sello de Salomón, la verdad en todas sus manifestaciones terrenales.

CORRELACIÓN ASTROLÓGICA: Planeta Venus. Es la abnegación para subsistir con alegría. El conformismo con sacrificio.

LETRA HEBREA: Vau. Ley.

Respuesta consciente

deidad egipcia: Tefnu. «Lo que ha de venir».

significado adivinatorio: El trabajo, la economía, la prudencia. La protección para el débil. Pensar para un futuro. Reformas de la casa. Amistad con los vecinos. Época próspera.

eterna trascendencia: «Hoy luchas y guardas para el futuro».

denominación de la lámina: La Actividad.

25 LA CONQUISTA

Significado simbológico

PARTE SUPERIOR

Dos perros con aire altivo mirando hacia la derecha. Significa la protección del ser espiritual frente al mundo.

PARTE CENTRAL

Un hombre conquistador, lleva un cetro grande que le sirve de apoyo (es su fuerza) y una espada como símbolo de poder. Le protege Nun, el caos del mundo; sin él no existiría. Camina sobre una barca por encima de las aguas. Representa el abismo (su existencia) que separa al hombre de la otra vida.

PARTE INFERIOR

Un cocodrilo y peces que están en el río Nilo, y entre la vegetación. Es la vida de las profundidades que se conjuga con la tierra porque ningún medio es conquistado por el hombre.

Respuesta inconsciente

REPRESENTACIÓN NUMEROLÓGICA: 25 = 2 + 5 = 7

Es el número mágico. La magia del sentimiento y la nueva creación. Siete notas musicales. Siete colores. Los siete días de la creación del mundo. Siete iniciaciones diferentes. Siete poderes mentales. Siete culminaciones.

Los mundos materiales caminan hacia los inmateriales. Son los cambios imparables en los ciclos de la vida.

CORRELACIÓN ASTROLÓGICA: Planeta Neptuno. El viajero, descubridor, inventor arriesgado. El aventurero que desafía el riesgo.

LETRA HEBREA: Zaïn. Triunfo.

Respuesta consciente

DEIDAD EGIPCIA: Nun. El caos.

SIGNIFICADO ADIVINATORIO: Cambio de país, de ciudad, de casa, de trabajo. Nuevo amor. Nueva época. Nuevos amigos. Se comienza una nueva vida, pero se pierde la que se tenía.

ETERNA TRASCENDENCIA: «El éxito en la aventura».

DENOMINACIÓN DE LA LÁMINA: La Conquista.

26 LA SUERTE

Significado simbológico

PARTE SUPERIOR

El cielo, bóveda celeste, de la que sale un rayo de luz en dirección a la figura central: es el elegido de los dioses.

PARTE CENTRAL

Un hombre de traje suntuoso mantiene las manos cruzadas a la forma de Osiris. Camina por un jardín. Le protege Nut, el cielo.

PARTE INFERIOR

Una cadena rota por su parte central, la de la izquierda es oscura y la otra de oro. Simboliza la mentira y la verdad que se han separado para liberar el alma.

Respuesta inconsciente

REPRESENTACIÓN NUMEROLÓGICA: 26 = 2 + 6 = 8

La polaridad masculina y femenina en el mundo inmaterial. La recompensa por redimirse de los placeres materiales. La fuerza superior del hombre ha vencido a la inferior. La conciencia es la reina.

CORRELACIÓN ASTROLÓGICA: Planeta Saturno. La solución merecida. La recompensa. El merecimiento.

LETRA HEBREA: Heth. Compensación.

Respuesta consciente

DEIDAD EGIPCIA: Nut. El cielo.

SIGNIFICADO ADIVINATORIO: Se comienza un camino creativo que se combina con el trabajo habitual; es el medio de liberarse de lo que oprime. Solución frente a los problemas. Una persona entra en tu vida, te ayudará y te enseñará. No será para siempre, pero será importante. Nuevas creaciones, nuevas ideas a través de *hobbies* y amistades.

ETERNA TRASCENDENCIA: «La búsqueda es objeto de evolución».

DENOMINACIÓN DE LA LÁMINA: La Suerte.

27 IMPREVISIBLE

Significado simbológico

PARTE SUPERIOR
La esfinge de Gizeh. Mira al hombre luchador que se halla bajo sus pies.

PARTE CENTRAL
Un hombre de rostro astuto. Es un arquero, un luchador, un guerrero. Le provoca Tefnet, el vacío.

PARTE INFERIOR
Dos escarabajos frente a frente. La vida es sagrada, y en ella se encuentra la suerte o la desgracia.

Respuesta inconsciente

REPRESENTACIÓN NUMEROLÓGICA: 27 = 2 + 7 = 9
Nueve meses de gestación. El estado de espera, la etapa final. Lo absoluto y relativo. Lo concreto fusionado con lo abstracto. La cima final, la más dolorosa, el recuerdo más vivo, el fin justifica los medios. La iluminación interna.

CORRELACIÓN ASTROLÓGICA: Planeta Marte. Los cambios. La destrucción para construir, el cambio imparable.

LETRA HEBREA: Teth. Impenetrable.

Respuesta consciente

DEIDAD EGIPCIA: Tefnet. El vacío.

SIGNIFICADO ADIVINATORIO: La sorpresa en su grado mayor. Descubrimientos sobre los demás. Cuidado con las traiciones que amenazan nuestras emociones; nosotros podemos tomar una decisión equivocada y precipitada. Hay que afrontar la situación aunque nos cueste.

ETERNA TRASCENDENCIA: «Piensa fríamente; el orgullo tiene un precio muy alto».

DENOMINACIÓN DE LA LÁMINA: Imprevisible.

28 LA DESESPERACIÓN

Significado simbológico

PARTE SUPERIOR
Un ibis agonizante. Es el honor mancillado.

PARTE CENTRAL
Dos hombres que se miran, uno camina hacia la izquierda y el otro hacia la derecha. El de la izquierda eleva sus brazos en señal de alejamiento; vuelve al pasado, a sus orígenes. El de la derecha lleva en una mano un cetro partido y en la otra una llave (ank) rota. Se dirige hacia el futuro. Los condena Hator a través de sus mujeres.

PARTE INFERIOR
Un buey con aspecto de cansancio. Es la fecundidad que se siente estéril, sin fuerzas.

Respuesta inconsciente

Representación numerológica: 28 = 2 + 8 = 10 = 1 + 0 = 1
Es la unidad, la esencia primitiva, el punto no manifestado, el padre, el poder creador, lo masculino. «La luz que invade todo y todo vuelve a su punto de origen». Pureza. Armonía.

CORRELACIÓN ASTROLÓGICA: Planeta Plutón. La ruptura con el pasado. La huida. El cambio buscado. La necesidad de cambiar.

LETRA HEBREA: Áleph. Guía.

Respuesta consciente

DEIDAD EGIPCIA: Hathor. Protectora de las mujeres.

SIGNIFICADO ADIVINATORIO: Obstáculos, miserias, demoras, palabras que entretienen. El tiempo está contra nosotros, nuestras aspiraciones quedarán suspendidas hasta que hallemos el modo de darles empuje. Es el principio del fin. Puede indicar parto de gemelos. Es como lo que cuesta mucho y de momento no llega.

ETERNA TRASCENDENCIA: «Hay que aprender a esperar».

DENOMINACIÓN DE LA LÁMINA: La Desesperación.

29 LA RESIGNACIÓN

Significado simbológico

PARTE SUPERIOR
Comida: pobre y poco abundante. Es la escasez.

PARTE CENTRAL
Un hombre sentado con rostro cansado pero de mirada serena. Frente a él un campo árido y una vasija llena de agua. Tiene en contra a This, «el Destructor».

PARTE INFERIOR
Piedras agrietadas; es la carencia de la vida.

Respuesta inconsciente

REPRESENTACIÓN NUMEROLÓGICA: 29 = 2 + 9 = 11 = 1 + 1 = 2
La dualidad positiva y negativa. Lo femenino, la madre divina. Lo opuesto de la naturaleza, el bien y el mal. El binario, el estado impuro. Es el contraste. Los pitagóricos defendían la teoría de que cuando el primer ser se separó de la mónada se convirtió en un estado imperfecto en el que el bien y el mal se dividieron.

CORRELACIÓN ASTROLÓGICA: Planeta Luna. La pasividad y la reflexión. El conformismo feliz. El miedo a cambiar.

LETRA HEBREA: Beth. Ensoñación.

RESPUESTA CONSCIENTE

DEIDAD EGIPCIA: This. Destructor.

SIGNIFICADO ADIVINATORIO: Acomodarse a una situación en la que la lucha ya no tiene motivos. Todo germina en una abulia disfrazada de tranquilidad. Es feliz aquél al que nada le ocurre y tiene suficiente, pero el hombre está por naturaleza insatisfecho y también es cobarde. No se querrán tomar decisiones a ningún nivel.

ETERNA TRASCENDENCIA: «De momento, sólo la nada».

DENOMINACIÓN DE LA LÁMINA: La Resignación.

30 EL COMERCIO

Significado simbológico

PARTE SUPERIOR

La bandeja repleta de fruta y el cofre abierto y rebosante de monedas de oro; es la abundancia y la riqueza.

PARTE CENTRAL

Dos hombres frente a frente intercambiando animales y comida. Los protege Vazit, «Protectora de la Tierra».

PARTE INFERIOR

Un tapiz de hermosos colores; es la belleza de la ostentación.

Respuesta inconsciente

REPRESENTACIÓN NUMEROLÓGICA: 30 = 3 + 0 = 3

Regeneración de la naturaleza. El hijo nacido del padre y de la madre, es la *consecuencia.* Es el símbolo de lo divinizado, con las tres partes: creación, equilibrio y destrucción. La fecundidad. El logos. El triángulo.

CORRELACIÓN ASTROLÓGICA: Planeta Júpiter. El conocimiento. Dar y recibir. La abundancia merecida. La buena suerte.

LETRA HEBREA: Ghímel. Dinamismo.

Respuesta consciente

DEIDAD EGIPCIA: Vazit. Protectora de la Tierra.

SIGNIFICADO ADIVINATORIO: La sociedad, el comercio marítimo y terrestre, la comunicación, los amigos, los *hobbies.* Es el acto comercial que trae negocios materiales. Es el extranjero y la distancia. La fortuna que es nuestra. Es una carta favorable en todos los sentidos. La suerte nos sonríe.

ETERNA TRASCENDENCIA: «Aprovecha tu suerte: ¿quién sabe cuánto durará?».

DENOMINACIÓN DE LA LÁMINA: El Comercio.

31 LOS PROBLEMAS

SIGNIFICADO SIMBOLÓGICO

PARTE SUPERIOR

Un ave, aplastada por una piedra. Es la dificultad que destruye el alma.

PARTE CENTRAL

Dos niños hambrientos y una madre con un cesto, que les da una manzana. La madre mira a la izquierda, porque sus hijos son su pasado. En contra está Mertseguer, el espía.

PARTE INFERIOR

Piedras, unas juntas y otra quebrada. Es el signo de la destrucción de lo creado.

RESPUESTA INCONSCIENTE

REPRESENTACIÓN NUMEROLÓGICA: 31 = 3 + 1 = 4

Es la forma, los cuatro elementos: aire, agua, fuego, tierra. La manifestación terrenal. El poder, la fuerza. El *tetragrámmaton* de cuatro letras. El cuadrado perfecto, el *tetraktys,* el *no ser* ilimitado y absoluto. Raíz del todo.

CORRELACIÓN ASTROLÓGICA: Planeta Urano. Los retrasos que consumen. La espera que destroza todo razonamiento lógico.

LETRA HEBREA: Dáleth. Poder.

RESPUESTA CONSCIENTE

DEIDAD EGIPCIA: Mertseguer. El acecho, el espía.

SIGNIFICADO ADIVINATORIO: Las promesas de todo tipo. Los problemas que traen retrasos. La mujer que lleva su ajuar y el hombre de manos vacías; las restricciones. Son tiempos difíciles, durante los cuales el consultante es víctima de las circunstancias. Lo que quieres ahora no lo conseguirás.

ETERNA TRASCENDENCIA: «El único camino es el sacrificio».

DENOMINACIÓN DE LA LÁMINA: Los Problemas.

32 LA GENEROSIDAD

Significado simbológico

PARTE SUPERIOR

La corona, el linaje; el gato, la sabiduría y el cetro, el poder.

PARTE CENTRAL

Dos mujeres vestidas con ornamentos y, delante, una mesa con ricos manjares. Están protegidas por Thot, el sabio.

PARTE INFERIOR

Un cielo oscuro con estrellas brillantes. Representa el cielo a los pies de las dos mujeres.

Respuesta inconsciente

REPRESENTACIÓN NUMEROLÓGICA: $32 = 3 + 2 = 5$

La mente, el quinto pedestal, el espíritu mental, la pirámide, el pentagrama, la estrella de cinco puntas, el hombre, la nada.

CORRELACIÓN ASTROLÓGICA: Planeta Mercurio. La sabia distribución de bienes. La inteligente participación de uno en la sociedad.

LETRA HEBREA: He. La iniciación.

Respuesta consciente

DEIDAD EGIPCIA: Thot. Sabio, la palabra, la inteligencia.

SIGNIFICADO ADIVINATORIO: El lujo es objeto de admiración y de envidias. Juzgarán lo que tú tienes, no lo que vales. Tus iguales te difamarán, tus inferiores te criticarán, pero tú serás el rey triunfante. Crearás tu imperio y no lo harás con humildad.

ETERNA TRASCENDENCIA: «Lo que hoy haces, mañana se volverá contra ti».

DENOMINACIÓN DE LA LÁMINA: La Generosidad.

33 LOS PACTOS

Significado simbológico

PARTE SUPERIOR
Un niño sentado en el suelo, está jugando. Es la felicidad de la inocencia.

PARTE CENTRAL
Un hombre y una mujer cogidos de la mano caminan hacia el futuro. Los protege Hapi, la suerte.

PARTE INFERIOR
Una tierra labrada donde germina la cosecha. Es la fecundidad, la riqueza.

Respuesta inconsciente

REPRESENTACIÓN NUMEROLÓGICA: 33 = 3 + 3 = 6
La triple forma, el triple espíritu, la serpiente que se muerde la cola, el círculo y el camino, la inversión del nueve. La estrella de seis puntas, el sello de Salomón, la verdad en todas sus manifestaciones terrenales.

CORRELACIÓN ASTROLÓGICA: Planeta Venus. El pacto, el casamiento, la sociedad, todo ello tiene como base la sinceridad y el altruismo.

LETRA HEBREA: Vau. Ley.

Respuesta consciente

DEIDAD EGIPCIA: Hapi. Suerte.

SIGNIFICADO ADIVINATORIO: El amor maduro, el real, el auténtico, el legal. Época de amor, época feliz.

ETERNA TRASCENDENCIA: «Disfruta del don de los dioses y consérvalo».

DENOMINACIÓN DE LA LÁMINA: Los Pactos.

34 LOS CAMBIOS

Significado simbológico

PARTE SUPERIOR

Dos arpas de siete cuerdas cada una. Es la protección de los dioses sobre las artes; ellos son felices, su canto se realiza sobre siete cuerdas.

PARTE CENTRAL

Representa el interior de un templo. Hay un guerrero con una espada (poder) y una llave egipcia (la vida). Le protege Sobek.

PARTE INFERIOR

Rama de árbol como símbolo de vida. Serpiente: el mal que pasa pero no destruye.

Respuesta inconsciente

REPRESENTACIÓN NUMEROLÓGICA: 34 = 3 + 4 = 7

Es el número mágico. La magia del sentimiento y la nueva creación. Siete notas musicales. Siete colores. Los siete días de la creación del mundo. Siete iniciaciones diferentes. Siete poderes mentales. Siete culminaciones. Los mundos materiales caminan hacia los inmateriales. Son los cambios imparables en los ciclos de la vida.

CORRELACIÓN ASTROLÓGICA: Planeta Neptuno. Los ideales que se ponen en práctica. El ánimo de ayudar a los demás.

LETRA HEBREA: Zaïn. Triunfo.

Respuesta consciente

DEIDAD EGIPCIA: Sobek. La lucha.

SIGNIFICADO ADIVINATORIO: Cambios nuevos que harán que alcances la fama. El proceso es lento pero seguro. Tu esfuerzo será recompensado y tu nombre será admitido como «valioso» en tu profesión. Pueden ser escritos (obras), pintura, música, política, pero siempre la «fama».

ETERNA TRASCENDENCIA: «Conseguirás lo que quieres, pero pagarás su precio».

DENOMINACIÓN DE LA LÁMINA: Los Cambios.

35 LAS PENAS

Significado simbológico

PARTE SUPERIOR
Un riachuelo de agua cristalina y unas rocas que sobresalen. Es el placer de la tierra y el agua.

PARTE CENTRAL
Una mujer emite exclamaciones porque está sufriendo. Frente a ella, un sarcófago de niño pequeño. La condena Min, el sexo: no tendrá más hijos, es la pérdida total.

PARTE INFERIOR
Dos buitres sobre una tierra desierta, es la malignidad.

Respuesta inconsciente

REPRESENTACIÓN NUMEROLÓGICA: 35 = 3 + 5 = 8
La polaridad masculina y femenina en el mundo inmaterial. La recompensa por redimirse de los placeres materiales. La fuerza superior del hombre ha vencido a la inferior. La conciencia es la reina.

CORRELACIÓN ASTROLÓGICA: Planeta Saturno. La pena moral. La frialdad de aquéllos a quienes se ama. La pasividad de aquéllos en quienes confiamos. Decepción.

LETRA HEBREA: Heth. Compensación.

Respuesta consciente

DEIDAD EGIPCIA: Min. El sexo.

SIGNIFICADO ADIVINATORIO: Es el llanto por el enfermo, el familiar que viaja al mundo de los muertos. El amor que hemos perdido. El trabajo que nos desprecia. La depresión.

ETERNA TRASCENDENCIA: «Hoy lloras, aprende para el mañana».

DENOMINACIÓN DE LA LÁMINA: Las Penas.

36 LA GUERRA

Significado simbológico

PARTE SUPERIOR

Un árbol resquebrajado por un rayo. Significa destrucción.

PARTE CENTRAL

En el interior de un templo hay una mujer embarazada, un guerrero que la observa y un hombre sabio que mira hacia la derecha. Bast los protege. Son el amor, la guerra y la vida.

PARTE INFERIOR

Es la guerra que trae la luz.

Respuesta inconsciente

REPRESENTACIÓN NUMEROLÓGICA: 36 = 3 + 6 = 9
Nueve meses de gestación. El estado de espera, la etapa final. Lo absoluto y relativo. Lo concreto fusionado con lo abstracto. La cima final, la más dolorosa, el recuerdo más vivo, el fin justifica los medios. La iluminación interna.

CORRELACIÓN ASTROLÓGICA: Planeta Marte. La guerra, la conquista, la necesidad de búsqueda y saber. El placer de poseer.

LETRA HEBREA: Tetch. Impenetrable.

Respuesta consciente

DEIDAD EGIPCIA: Bast. El amor, la guerra, la vida.

SIGNIFICADO ADIVINATORIO: El iniciado alcanzará lo que se proponga. El éxito en cualquier empresa. El triunfo económico, social y amoroso. Vas a hacer un cambio favorable en tu vida.

ETERNA TRASCENDENCIA: «Es el momento de volar».

DENOMINACIÓN DE LA LÁMINA: La Guerra.

37 EL SABER

Significado simbológico

PARTE SUPERIOR
Una caja donde está guardada la verdad, y un chacal que protege la caja.

PARTE CENTRAL
Una sacerdotisa, se encuentra encima de un montículo, está leyendo en las entrañas de un animal. La protege Atum, la causa.

PARTE INFERIOR
Un mono sentado frente a un búho. Es el dios Thot que contempla la sabiduría.

Respuesta inconsciente

REPRESENTACIÓN NUMEROLÓGICA: 37 = 3 + 7 = 10 = 1 + 0 = 1
Es la unidad, la esencia primitiva, el punto no manifestado, el padre, el poder creador, lo masculino. «La luz que invade todo y todo vuelve a su punto de origen». Pureza. Armonía.

CORRELACIÓN ASTROLÓGICA: Planeta Sol. Aficiones, entendimiento. Nuevas amistades. Nuevos placeres. Búsqueda de compensaciones.

LETRA HEBREA: Áleph. Guía.

Respuesta consciente

DEIDAD EGIPCIA: Atum. La causa.

SIGNIFICADO ADIVINATORIO: El comienzo de una actividad paralela a la profesional que trae la llegada de nuevas amistades. Se intentará destacar en esta afición, pero los medios pueden ser edificantes o destructivos (dependerá de las cartas que rodean a ésta).

ETERNA TRASCENDENCIA: «Cuida la forma porque éste será tu sello».

DENOMINACIÓN DE LA LÁMINA: El Saber.

38 LA INFIDELIDAD

Significado simbológico

PARTE SUPERIOR

Un pozo con agua. Significa lo que hay en el fondo de todas las cosas.

PARTE CENTRAL

Un hombre arrodillado con el rostro escondido entre sus manos. Una mujer de pie, arreglándose. Los condena Beth (la ensoñación).

PARTE INFERIOR

Un pozo del que no sale agua. Es la destrucción de la esencia de todas las cosas.

Respuesta inconsciente

REPRESENTACIÓN NUMEROLÓGICA: 38 = 3 + 8 = 11 = 1 + 1 = 2
La dualidad positiva y negativa. Lo femenino. La madre divina. Lo opuesto de la naturaleza, el bien y el mal. El binario, el estado impuro. Es el contraste. Los pitagóricos defendían la teoría de que cuando el primer ser se separó de la mónada se convirtió en un estado imperfecto en el que el bien y el mal se dividieron.

CORRELACIÓN ASTROLÓGICA: Planeta Luna. La infidelidad, el engaño, la coartada, la mentira inteligente.

LETRA HEBREA: Beth. Ensoñación.

Respuesta consciente

DEIDAD EGIPCIA: Meskenet. Protectora de los partos.

SIGNIFICADO ADIVINATORIO: Vida doble. Secretos. Cosas que esconder. Amantes, vicio, corrupción. Deshonor. Es el pozo oscuro del que sólo los muy sagaces saben salir.

ETERNA TRASCENDENCIA: «Vigila, observa, piensa».

DENOMINACIÓN DE LA LÁMINA: La Infidelidad.

39 EL TESTAMENTO

SIGNIFICADO SIMBOLÓGICO

PARTE SUPERIOR
Campos de tierra fértil. La abundancia de lo que no ha trabajado.

PARTE CENTRAL
Un baúl cerrado; frente a él, un hombre con una corona (como signo de alcurnia), que busca el legado de sus antepasados. Le protege Amset, dándole buena salud.

PARTE INFERIOR
Un papiro escrito y un anillo con un sello. Es la herencia que está sellada para el futuro.

RESPUESTA INCONSCIENTE

REPRESENTACIÓN NUMEROLÓGICA: 39 = 3 + 9 = 12 = 2 + 1 = 3
Regeneración de la naturaleza. El hijo nacido del padre y de la madre, es la *consecuencia.* Es el símbolo de lo divinizado, con las tres partes: creación, equilibrio y destrucción. La fecundidad. El logos. El triángulo.

CORRELACIÓN ASTROLÓGICA: Planeta Júpiter. La verdad, el descubrimiento, la aclaración de ideas, el testamento.

LETRA HEBREA: Ghímel. Dinamismo.

Respuesta consciente

DEIDAD EGIPCIA: Amset. Protectora del hígado.

SIGNIFICADO ADIVINATORIO: Es la herencia, el testamento, el matrimonio tardío, los viajes de placer. Las fiestas, las celebraciones, todo aquello que se comunica.

ETERNA TRASCENDENCIA: «El mundo te admite».

DENOMINACIÓN DE LA LÁMINA: El Testamento.

40 LA INTUICIÓN

Significado simbológico

PARTE SUPERIOR

Luna: intuición, y serpiente: el mal. Es la intuición que decrece frente al mal.

PARTE CENTRAL

Un hombre sentado en un trono; delante, dos hombre sabios le están aconsejando. Los ampara Renenut (el crecimiento).

PARTE INFERIOR

Dos caminos que van hacia una puerta: la verdad. Son dos formas de encontrar la verdad.

Respuesta inconsciente

REPRESENTACIÓN NUMEROLÓGICA: 40 = 4 + 0 = 4

Es la forma, los cuatro elementos: aire, agua, fuego, tierra. La manifestación terrenal. El poder, la fuerza. El *tetragrámmaton* de cuatro letras. El cuadrado perfecto, el *tetraktys,* el *no ser* ilimitado y absoluto. Raíz del todo.

CORRELACIÓN ASTROLÓGICA: Planeta Urano. La intuición, la clarividencia, el instinto, las sensaciones.

LETRA HEBREA: Dáleth. Poder.

RESPUESTA CONSCIENTE

DEIDAD EGIPCIA: Renenut. Protectora del crecimiento.

SIGNIFICADO ADIVINATORIO: La intuición comparece. El instinto manda. El dinero se te da porque te pertenece. No hay engaño, no hay doblez. Sólo sensatez para tomar decisiones.

ETERNA TRASCENDENCIA: «Tendrás que decidir sabiamente».

DENOMINACIÓN DE LA LÁMINA: La Intuición.

41 LA ANGUSTIA

SIGNIFICADO SIMBOLÓGICO

PARTE SUPERIOR
Un cocodrilo y un mono. La acción se enfrenta al dios Thot; éste espera impasible.

PARTE CENTRAL
Es un grupo de dos hombres y dos mujeres, una de ellas arrodillada, que claman al cielo por sus penas. Los castiga Montuera (la batalla).

PARTE INFERIOR
Una vasija rota. Es la destrucción del Todo.

RESPUESTA INCONSCIENTE

REPRESENTACIÓN NUMEROLÓGICA: 41 = 4 + 1 = 5
La mente, el quinto pedestal, el espíritu mental, la pirámide, el pentagrama, la estrella de cinco puntas, el hombre, la nada.

CORRELACIÓN ASTROLÓGICA: Planeta Mercurio. La intranquilidad, el remordimiento, lamento por equivocaciones del pasado.

LETRA HEBREA: He. Es la iniciación.

Respuesta consciente

Deidad egipcia: Montuera. La batalla.

Significado adivinatorio: Discusiones. Peleas familiares. Conflictos laborales. Los padres contra los hijos. Los hijos huyen de los padres. No se conoce el final, sólo se vive el conflicto. Aglomeraciones de gente. Huelgas.

Eterna trascendencia: «Es momento de tormenta».

Denominación de la lámina: La Angustia.

42 LA TENACIDAD

Significado simbológico

PARTE SUPERIOR

Una mujer con alas: es la diosa Isis que eleva su alma a los cielos. Es el camino hacia la paz.

PARTE CENTRAL

Un sumo sacerdote trasportado por cuatro hombres de rostro cansado por el esfuerzo. Le protege Ut (la resurrección).

PARTE INFERIOR

Los tres cetros egipcios. El mando en sus tres manifestaciones: la sabia, la terrenal y la de los dioses (osiríaca).

Respuesta inconsciente

REPRESENTACIÓN NUMEROLÓGICA: 42 = 4 + 2 = 6

La triple forma, el triple espíritu, la serpiente que se muerde la cola, el círculo y el camino, la inversión del nueve. La estrella de seis puntas, el sello de Salomón, la verdad en todas sus manifestaciones terrenales.

CORRELACIÓN ASTROLÓGICA: Planeta Venus. La presencia, persistencia por una fe ciega capaz de mover la montaña más alta de la tierra.

LETRA HEBREA: Vau. Ley.

Respuesta consciente

DEIDAD EGIPCIA: Ut. Resurrección.

SIGNIFICADO ADIVINATORIO: Viajar por negocios. Ostentar un gran poder. Eres superior en materia y en espíritu; si es amor, amas más, si es dolor, sufres más, pero tú tienes el poder.

ETERNA TRASCENDENCIA: «Sólo tú conoces el porqué».

DENOMINACIÓN DE LA LÁMINA: La Tenacidad.

43 LA DESOLACIÓN

SIGNIFICADO SIMBOLÓGICO

PARTE SUPERIOR
Una flor egipcia seca y mustia. Es la pérdida de la fe.

PARTE CENTRAL
Una mujer pobremente vestida, tiene los brazos al modo de Osiris. La condena Tut (el doble). En este caso, sería el dolor en dos de sus manifestaciones: la física y la espiritual.

PARTE INFERIOR
Un mosaico egipcio. Son los fundamentos de lo que se posee.

RESPUESTA INCONSCIENTE

REPRESENTACIÓN NUMEROLÓGICA: 43 = 4 + 3 = 7
Es el número mágico. La magia del sentimiento y la nueva creación. Siete notas musicales. Siete colores. Los siete días de la creación del mundo. Siete iniciaciones diferentes. Siete poderes mentales. Siete culminaciones. Los mundos materiales caminan hacia los inmateriales. Son los cambios imparables en los ciclos de la vida.

CORRELACIÓN ASTROLÓGICA: Planeta Neptuno. La enfermedad grave, la depresión, el callejón sin salida. La desesperación.

LETRA HEBREA: Zaïn. Triunfo.

Respuesta consciente

DEIDAD EGIPCIA: Tut. El doble.

SIGNIFICADO ADIVINATORIO: Divorcio, escándalo, dolor, desolación. Los pensamientos son contradictorios con nuestros sentimientos. Nadie nos puede ayudar, ni siquiera nosotros mismos. El tiempo es el único aliado. Perdemos un amor en la peor de las circunstancias (por muerte o por una tercera persona).

ETERNA TRASCENDENCIA: «No busques explicaciones, debes esperar».

DENOMINACIÓN DE LA LÁMINA: La Desolación.

44 LA SOLUCIÓN

Significado simbológico

PARTE SUPERIOR

Un ramo de flores. Es la germinación de la vida, dentro del proceso lógico del universo que se manifiesta en la belleza de la naturaleza.

PARTE CENTRAL

Un hombre que está esculpiendo dos figuras: una, a su espalda, figura el pasado; la otra, al frente, es el futuro. Tiene cara de satisfacción, está convencido de poseer la solución. Le protege Renpu en los ciclos imparables de la renovación.

PARTE INFERIOR

El busto de un faraón con un ave detrás de su cabeza. Representa al hombre que en su alma divina conoce la verdad.

Respuesta inconsciente

REPRESENTACIÓN NUMEROLÓGICA: 44 = 4 + 4 = 8

La polaridad masculina y femenina en el mundo inmaterial. La recompensa por redimirse de los placeres materiales. La fuerza superior del hombre ha vencido a la inferior. La conciencia es la reina.

correlación astrológica: Planeta Saturno. La solución de los problemas, el feliz fin. La reflexión que trae la solución.

letra hebrea: Heth. Compensación.

Respuesta consciente

deidad egipcia: Renpu. Renovación.

significado adivinatorio: La claridad, el consejo del amigo, la luz, las soluciones mentales. Las recompensas materiales. La mente y el espíritu son amigos. Estás y vives en paz.

eterna trascendencia: «Disfruta de lo ganado».

denominación de la lámina: La Solución.

45 LA INNOVACIÓN

Significado simbológico

PARTE SUPERIOR

Un chacal acostado, de semblante preocupado; frente a él un tapiz. Es la astucia que contempla lo desconocido.

PARTE CENTRAL

Un hombre está avanzando, al tiempo que trasporta un carro. Simboliza la fuerza ilusoria de aquel que quiere cambiar innovando hacia el futuro.

PARTE INFERIOR

Espigas de trigo. Representan el pan que alimenta al hombre. En este caso es el germen que alimenta el espíritu.

Respuesta inconsciente

REPRESENTACIÓN NUMEROLÓGICA: 45 = 4 + 5 = 9

Nueve meses de gestación. El estado de espera, la etapa final. Lo absoluto y relativo. Lo concreto fusionado con lo abstracto. La cima final, la más dolorosa, el recuerdo más vivo, el fin justifica los medios. La iluminación interna.

CORRELACIÓN ASTROLÓGICA: Planeta Marte. Cambio de país, de trabajo, de situación; es la destrucción del pasado para llegar a las nuevas alternativas.

LETRA HEBREA: Teth. Impenetrable.

RESPUESTA CONSCIENTE

DEIDAD EGIPCIA: Atón-Ra. El primogénito.

SIGNIFICADO ADIVINATORIO: Los que te rodean querrán ayudarte, todos querrán lo mejor para ti, pero sólo tú debes decidir lo que has de hacer. Como nueva valoración de tu vida, debes hacerte una planificación para el futuro.

ETERNA TRASCENDENCIA: «Sé tú mismo».

DENOMINACIÓN DE LA LÁMINA: La Innovación.

46 EL RESULTADO

Significado simbológico

PARTE SUPERIOR

Unas nubes oscuras y tormentosas traen lluvia. Simboliza lo desconocido. Anuncian problemas terrenales.

PARTE CENTRAL

Un hombre, dueño de su existencia, está sentado en un trono. En su mano izquierda tiene una vara (significa la ley del que ha vencido). Su mano derecha está vacía (no le importa el futuro). Delante, un montón de lienzos, en representación de sus bienes. En la ventana se ve el cielo azul. Aunque ya posea el reino terrenal, su palacio, los dioses le abren paso hacia el suyo: el cielo.

PARTE INFERIOR

Un ave, ibis, volando. Simboliza el bien, en su pureza se eleva hacia el cielo.

Respuesta inconsciente

REPRESENTACIÓN NUMEROLÓGICA: 46 = 4 + 6 = 10 = 1 + 0 = 1

Es la unidad, la esencia primitiva, el punto no manifestado, el padre, el poder creador, lo masculino. «La luz que invade todo y todo vuelve a su punto de origen». Pureza. Armonía.

CORRELACIÓN ASTROLÓGICA: Planeta Sol. Se recoge lo sembrado. Las propiedades y la seguridad. La jubilación. La casa, lo tuyo.

LETRA HEBREA: Áleph. Guía.

Respuesta consciente

DEIDAD EGIPCIA: Osiris-Tifon. La maldad.

SIGNIFICADO ADIVINATORIO: Es la herencia, el testamento. El momento en que se han conseguido tus propósitos, y lo que tú tienes tus hijos lo heredarán. Si es de tu familia, tú eres el que heredas. El nombre de la familia es importante. A veces puede indicar el nacimiento de un hijo, o de nietos, que heredarán.

ETERNA TRASCENDENCIA: «Querrás perpetuar tu espíritu».

DENOMINACIÓN DE LA LÁMINA: El Resultado.

47 LA CONCLUSIÓN

SIGNIFICADO SIMBOLÓGICO

PARTE SUPERIOR

Una lámpara egipcia sobre un pedestal. Es la luz que alumbra la sabiduría.

PARTE CENTRAL

Es un templo, símbolo de la sabiduría, hay una puerta de la que sale un sacerdote ilustrado.

PARTE INFERIOR

Un desierto en la noche, lleno de estrellas. Es la fuerza de los dioses que no nos abandonan en la esterilidad del desierto, de modo que la vida está presente en su aparente ausencia.

RESPUESTA INCONSCIENTE

REPRESENTACIÓN NUMEROLÓGICA: 47 = 4 + 7 = 11 = 1 + 1 = 2

La dualidad positiva y negativa. Lo femenino. La madre divina. Lo opuesto de la naturaleza, el bien y el mal. El binario, el estado impuro. Es el contraste. Los pitagóricos defendían la teoría de que cuando el primer ser se separó de la mónada se convirtió en un estado imperfecto en el que el bien y el mal se dividieron.

CORRELACIÓN ASTROLÓGICA: Planeta Luna. La luz que ilumina el camino. La respuesta que modifica los pensamientos.

LETRA HEBREA: Beth. Ensoñación.

Respuesta consciente

DEIDAD EGIPCIA: Osiris-Lunus. El inconsciente.

SIGNIFICADO ADIVINATORIO: Momento decisivo en tu vida. Tú decides por un trabajo, por la familia, por la pareja. Pero te diriges hacia la estabilidad deseada.

ETERNA TRASCENDENCIA: «Tus pensamientos concluyen con una forma de actuar, adelante».

DENOMINACIÓN DE LA LÁMINA: La Conclusión.

48 EL LOGRO

Significado simbológico

PARTE SUPERIOR
Una pirámide con una imagen grabada. Está mirando, representa la inmortalidad que contempla al mundo.

PARTE CENTRAL
Una mujer contempla su pasado. Entre sus manos sostiene una ánfora grande. Representa la buena fortuna.

PARTE INFERIOR
Un arco y unas flechas. Son armas de defensa, para prevenir un ataque.

Respuesta inconsciente

REPRESENTACIÓN NUMEROLÓGICA: 48 = 4 + 8 = 12 = 1 + 2 = 3
Regeneración de la naturaleza. El hijo nacido del padre y de la madre, es la *consecuencia.* Es el símbolo de lo divinizado, con las tres partes: creación, equilibrio y destrucción. La fecundidad. El logos. El triángulo.

CORRELACIÓN ASTROLÓGICA: Planeta Júpiter. Conseguir lo que te habías propuesto.

LETRA HEBREA: Ghímel. Dinamismo.

RESPUESTA CONSCIENTE

DEIDAD EGIPCIA: Osiris-Horus. La mente.

SIGNIFICADO ADIVINATORIO: Es el punto final de una situación. Si lo anterior es favorable, el resultado también; pero si lo anterior es desastroso, la consumación es la culminación del desastre.

ETERNA TRASCENDENCIA: «Todo apunta hacia el final de la situación».

DENOMINACIÓN DE LA LÁMINA: El Logro.

49 LA DUALIDAD

Significado simbológico

PARTE SUPERIOR

Unas vasijas de colores: están abiertas y llenas de perfume. Son las esencias purificadoras de los dioses.

PARTE CENTRAL

En el interior de un templo, el templo de la verdad, hay dos figuras de faraones adosadas. Una mira hacia la izquierda, el pasado; es la de un faraón soberbio. Otra mira hacia la derecha, el futuro: es la de un faraón afable.

PARTE INFERIOR

Dos columnas rotas. Parte de la verdad ha sido destruida.

Respuesta inconsciente

REPRESENTACIÓN NUMEROLÓGICA: 49 = 4 + 9 = 13 = 1 + 3 = 4. Es la forma, los cuatro elementos: aire, agua, fuego, tierra. La manifestación terrenal. El poder, la fuerza. El *tetragrámmaton* de cuatro letras. El cuadrado perfecto, el *tetraktys, el no ser* ilimitado y absoluto. Raíz del todo.

CORRELACIÓN ASTROLÓGICA: Planeta Urano. La dualidad, las dos fuerzas que son dos caminos distintos.

LETRA HEBREA: Dáleth. Poder.

RESPUESTA CONSCIENTE

DEIDAD EGIPCIA: Osiris-Pta. El espíritu.

SIGNIFICADO ADIVINATORIO: Estás en una situación en la que hará que todo lo conseguido se vaya por el suelo. Si es amor lo que quieres conservar, deberás tener diplomacia. Si es trabajo lo que quieres conservar, deberás tener humildad. Si es armonía con la familia, sé alegre y comprensivo. Cualquier actitud contraria llevaría al más absoluto desastre.

ETERNA TRASCENDENCIA: «Sólo el control de ti mismo te salvará».

DENOMINACIÓN DE LA LÁMINA: La Dualidad.

50 COMPENETRACIÓN

Significado simbológico

PARTE SUPERIOR
Un gato dentro de un cartucho. Representa la sabiduría escrita. Es la fuerza de los dioses y los hombres.

PARTE CENTRAL
Un hombre y una mujer salen de distintas puertas. Se quieren encontrar. Significa la compenetración mental del amor.

PARTE INFERIOR
Una estrella de cinco puntas. Es la gula del sentimiento.

Respuesta inconsciente

REPRESENTACIÓN NUMEROLÓGICA: 50 = 5 + 0 = 5
La mente, el quinto pedestal, el espíritu mental, la pirámide, el pentagrama, la estrella de cinco puntas, el hombre, la nada.

CORRELACIÓN ASTROLÓGICA: Planeta Mercurio. Comprensión mental. Principio de un sentimiento profundo.

LETRA HEBREA: He. La iniciación.

Respuesta consciente

DEIDAD EGIPCIA: Gato. Sabio.

SIGNIFICADO ADIVINATORIO: Es la pareja perfecta, la persona especial, la ideal para ti, la felicidad hasta la muerte.

ETERNA TRASCENDENCIA: «El amor te pertenece».

DENOMINACIÓN DE LA LÁMINA: Compenetración.

51 EL CONSEJO

Significado simbológico

PARTE SUPERIOR

Un látigo y una piedra. La dureza del látigo sobre la inamovible fuerza de la convicción.

PARTE CENTRAL

Un escribano copia en un papiro las explicaciones dadas por los dos hombres que están arrodillados. Uno, con las manos atadas a la espalda es el acusado, el otro gesticula hacia el escribano, es el acusador. Se refiere al juicio terrenal en el que decidirán el dios de la justicia (Maat) y el dios de la sabiduría (Thot).

PARTE INFERIOR

Es la astucia (el chacal) que contempla la sabia observación (el búho).

Respuesta inconsciente

REPRESENTACIÓN NUMEROLÓGICA: 51 = 5 + 1 = 6

La triple forma, el triple espíritu, la serpiente que se muerde la cola, el círculo y el camino, la inversión del nueve. La estrella de seis puntas, el sello de Salomón, la verdad en todas sus manifestaciones terrenales.

CORRELACIÓN ASTROLÓGICA: Planeta Venus. Asegurarse. Comprobaciones exhaustivas. Cálculo de los posibles riesgos.

LETRA HEBREA: Vau. Ley.

Respuesta consciente

DEIDAD EGIPCIA: Halcón. Fuerza.

SIGNIFICADO ADIVINATORIO: La intervención de un consejero para evitar problemas (ley, familia, amigos) es la ayuda que te dará el éxito.

ETERNA TRASCENDENCIA: «Busca consejo y hallarás la solución».

DENOMINACIÓN DE LA LÁMINA: El Consejo.

52 LA PLANIFICACIÓN

Significado simbológico

PARTE SUPERIOR

Dos monos, uno frente al otro. Mientras uno escucha, el otro habla. Ambos se miran. Representan al dios Thot, el sabio. Habla y escucha a la vez.

PARTE CENTRAL

En el interior de un templo hay una mesa (representa el pedestal del mundo). Sobre ella, hay un papiro escrito (son las órdenes dadas por los dioses a los hombres) y unas botellas, que son la esencia de las cualidades necesarias para cumplir lo planificado.

PARTE INFERIOR

Una cabeza de faraón: representa a aquel que recibe el legado de los dioses.

Respuesta inconsciente

REPRESENTACIÓN NUMEROLÓGICA: 52 = 5 + 2 = 7

Es el número mágico. La magia del sentimiento y la nueva creación. Siete notas musicales. Siete colores. Los siete días de la creación del mundo. Siete iniciaciones diferentes. Siete poderes mentales. Siete culminaciones. Los mundos materiales caminan hacia los inmateriales. Son los cambios imparables en los ciclos de la vida.

CORRELACIÓN ASTROLÓGICA: Planeta Neptuno. Elegancia y distinción en los actos. Planificación a largo plazo.

LETRA HEBREA: Zaïn. Triunfo.

Respuesta consciente

DEIDAD EGIPCIA: Mono. Habilidad.

SIGNIFICADO ADIVINATORIO: Acto que nos llevará a conseguir un fin, las cartas que la rodean marcarán el qué. Pero siempre es el consultante el que provoca.

ETERNA TRASCENDENCIA: «Tú eres el rey terrenal».

DENOMINACIÓN DE LA LÁMINA: La Planificación.

53 EL RENCOR

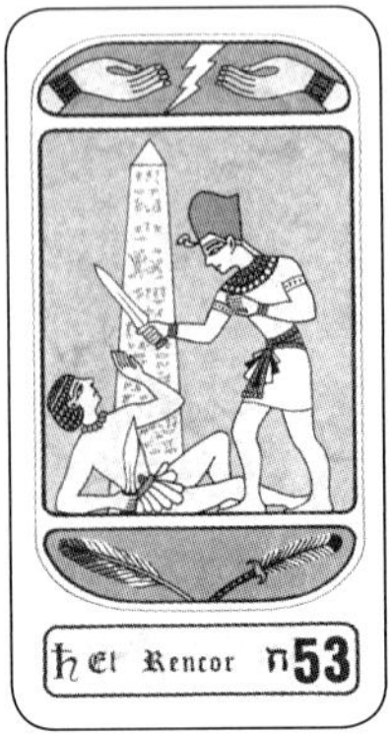

Significado simbológico

PARTE SUPERIOR

Dos manos separadas por un rayo. Representan la paz dividida por la tragedia.

PARTE CENTRAL

Dos guerreros, el de la izquierda en el suelo es el débil, y el de la derecha, de pie, es el fuerte. Al fondo, un obelisco es el testigo; están luchando y creando el rencor para las próximas generaciones.

PARTE INFERIOR

Dos plumas: una, decorada, representa la autenticidad; la otra, ensangrentada, significa la traición.

Respuesta inconsciente

REPRESENTACIÓN NUMEROLÓGICA: 53 = 5 + 3 = 8

La polaridad masculina y femenina en el mundo inmaterial. La recompensa por redimirse de los placeres materiales. La fuerza superior del hombre ha vencido a la inferior. La conciencia es la reina.

CORRELACIÓN ASTROLÓGICA: Planeta Saturno. La venganza, el rencor, el dolor que se remplaza con la amargura.

LETRA HEBREA: Heth. Compensación.

RESPUESTA CONSCIENTE

DEIDAD EGIPCIA: Pluma. Rango.

SIGNIFICADO ADIVINATORIO: Una traición nos causa daño y el rencor nos acompaña contra Dios o los hombres. Lo primero si es por muerte, lo segundo si es terrenal.

ETERNA TRASCENDENCIA: «La venganza no es buena, aléjala de ti».

DENOMINACIÓN DE LA LÁMINA: El Rencor.

54 LA OBSERVACIÓN

Significado simbológico

PARTE SUPERIOR

Dos aves (Ibis) en actitud vigilante. La de la izquierda vigila el mal, la otra vigila las consecuencias del mal.

PARTE CENTRAL

El dios Thot sentado en su trono, escribe las verdades divinas. Es un regalo a los hombres.

PARTE INFERIOR

Un gran pez de colores está nadando por el río Nilo. Representa la abundancia en el mundo. El agua es el regalo de los dioses.

Respuesta inconsciente

REPRESENTACIÓN NUMEROLÓGICA: 54 = 5 + 4 = 9

Nueve meses de gestación. El estado de espera, la etapa final. Lo absoluto y relativo. Lo concreto fusionado con lo abstracto. La cima final, la más dolorosa, el recuerdo más vivo, el fin justifica los medios. La iluminación interna.

CORRELACIÓN ASTROLÓGICA: Planeta Marte. Recuento de lo que se posee. Análisis de la compensación de lugar. Observación.

LETRA HEBREA: Teth. Impenetrable.

RESPUESTA CONSCIENTE

DEIDAD EGIPCIA: Ibis. Alcurnia, honor.

SIGNIFICADO ADIVINATORIO: Estudio de una situación o sujeto. Existen dudas que no nos dejan vivir; de hecho sufrimos y buscamos respuestas.

ETERNA TRASCENDENCIA: «No te importe lo que te digan, sólo lo que veas».

DENOMINACIÓN DE LA LÁMINA: La Observación.

55 EL DUELO

SIGNIFICADO SIMBOLÓGICO

PARTE SUPERIOR
El chacal es un animal protector. Está al acecho de la astucia perversa.

PARTE CENTRAL
Dos guardias custodian una puerta, vigilando ambos lados (la maldad a la izquierda y la crueldad a la derecha).
En el interior, un hombre con las manos atadas a la espalda y con gesto arrogante. Representa el desafío del mal personificado.

PARTE INFERIOR
Aquí el chacal vigila la astucia cruel.

RESPUESTA INCONSCIENTE

REPRESENTACIÓN NUMEROLÓGICA: 55 = 5 + 5 = 10 = 1 + 0 = 1
Es la unidad, la esencia primitiva, el punto no manifestado, el padre, el poder creador, lo masculino. «La luz que invade todo y todo vuelve a su punto de origen». Pureza. Armonía.

CORRELACIÓN ASTROLÓGICA: Planeta Plutón. Enfrentamiento con el enemigo. Desafío. Duelo.

LETRA HEBREA: Áleph. Guía.

RESPUESTA CONSCIENTE

DEIDAD EGIPCIA: Chacal. Astucia.

SIGNIFICADO ADIVINATORIO: Has vendido tu espíritu por cosas materiales, has sido débil y lo sabes. No duermes, no respiras, no sabes cómo te llamas y, si no lo reparas, tu sufrimiento irá en aumento.

ETERNA TRASCENDENCIA: «Sufriendo aprenderás a ser valiente».

DENOMINACIÓN DE LA LÁMINA: El Duelo.

56 LA BÚSQUEDA

Significado simbológico

PARTE SUPERIOR
El buey, animal sagrado, representa la abundancia y la claridad de ideas.

PARTE CENTRAL
Un mercader anda por un oasis. Es el buscador de la fortuna que va por el camino racional.

PARTE INFERIOR
Un campo labrado. Es un símbolo del trabajo.

Respuesta inconsciente

REPRESENTACIÓN NUMEROLÓGICA: 56 = 5 + 6 = 11 = 1 + 1 = 2
La dualidad positiva y negativa. Lo femenino. La madre divina. Lo opuesto de la naturaleza, el bien y el mal. El binario, el estado impuro. Es el contraste. Los pitagóricos defendían la teoría de que cuando el primer ser se separó de la mónada se convirtió en un estado imperfecto en el que el bien y el mal se dividieron.

CORRELACIÓN ASTROLÓGICA: Planeta Luna. Cambio de país. Alejamiento. Búsqueda.

LETRA HEBREA: Beth. Ensoñación.

Respuesta consciente

DEIDAD EGIPCIA: Buey. Claridad.

SIGNIFICADO ADIVINATORIO: Cambio de casa, de país, de vida. Ruptura sentimental. Búsqueda de nuevos horizontes. El pasado está lejano. La iglesia, el celibato, el convento.

ETERNA TRASCENDENCIA: «Busca el peregrino la luz».

DENOMINACIÓN DE LA LÁMINA: La Búsqueda.

57 LA DEFENSA

Significado simbológico

PARTE SUPERIOR

Una serpiente está atravesada por una espada. El bien, en su lucha, traspasa el mal.

PARTE CENTRAL

Un guerrero andando por el desierto, se protege con un escudo de los rayos del sol que le atacan. Frente a Él hay un obelisco. Los rayos representan las dificultades enviadas por los dioses. El obelisco es el testigo que sabe y observa.

PARTE INFERIOR

Dos escudos, simbolizan el enfrentamiento.

Respuesta inconsciente

REPRESENTACIÓN NUMEROLÓGICA: 57 = 5 + 7 = 12 = 1 + 2 = 3

Regeneración de la naturaleza. El hijo nacido del padre y de la madre, es la *consecuencia*. Es el símbolo de lo divinizado, con las tres partes: creación, equilibrio y destrucción. La fecundidad. El logos. El triángulo.

CORRELACIÓN ASTROLÓGICA: Planeta Júpiter. Ataques de los enemigos que obligan a la defensa.

LETRA HEBREA: Ghímel. Dinamismo.

Respuesta consciente

DEIDAD EGIPCIA: Serpiente. Cautela.

SIGNIFICADO ADIVINATORIO: Oposiciones, competencias, luchas interminables. El único camino es luchar y defenderse. Soledad.

ETERNA TRASCENDENCIA: «Eres valiente y sólo sabes luchar».

DENOMINACIÓN DE LA LÁMINA: La Defensa.

58 LA CAUTELA

SIGNIFICADO SIMBOLÓGICO

PARTE SUPERIOR
Una estrella sobre un cielo azul. Simboliza la luz de los dioses que nos guían.

PARTE CENTRAL
Una mujer mira por la ventana que hay en una pirámide. Simboliza la vida que contempla la inmortalidad.

PARTE INFERIOR
Dos llaves de la vida, una entera y otra rota. Aluden a la vida feliz y a la vida desdichada.

RESPUESTA INCONSCIENTE

REPRESENTACIÓN NUMEROLÓGICA: 58 = 5 + 8 = 13 =1 + 3 = 4
Es la forma, los cuatro elementos: aire, agua, fuego, tierra. La manifestación terrenal. El poder, la fuerza. El *tetragrámmaton* de cuatro letras. El cuadrado perfecto, el *tetraktys,* el *no ser* ilimitado y absoluto. Raíz del todo.

CORRELACIÓN ASTROLÓGICA: Planeta Urano. La estrategia que se estudia antes de pasar a la acción.

LETRA HEBREA: Dáleth. Poder.

Respuesta consciente

DEIDAD EGIPCIA: Estrella. Luz.

SIGNIFICADO ADIVINATORIO: Harás las paces contigo y con los demás. Observarás la realización de todo cuanto te rodea y tendrás la suerte de cambiar lo que está mal.

ETERNA TRASCENDENCIA: «Se acabaron las tormentas del pasado».

DENOMINACIÓN DE LA LÁMINA: La Cautela.

59 DESCUBRIMIENTO

Significado simbológico

PARTE SUPERIOR
Un lienzo egipcio que representa el color de la felicidad.

PARTE CENTRAL
En el interior de un templo, un hombre puro anda desnudo. Lleva en su mano izquierda la llave de la vida. Es un iniciado. Simboliza al que desea aprender.

PARTE INFERIOR
Un remolino oscuro va esclareciéndose hasta llegar a la luz. Simboliza las tinieblas que se abren paso hasta ella.

Respuesta inconsciente

REPRESENTACIÓN NUMEROLÓGICA: 59 = 5 + 9 = 14 = 1 + 4 = 5
La mente, el quinto pedestal, el espíritu mental, la pirámide, el pentagrama, la estrella de cinco puntas, el hombre, la nada.

CORRELACIÓN ASTROLÓGICA: Planeta Mercurio. El descubrimiento. La madurez. La sabiduría.

LETRA HEBREA: He. La iniciación.

Respuesta consciente

DEIDAD EGIPCIA: Rayo. Poder.

SIGNIFICADO ADIVINATORIO: Se descubrirán nuevos datos que darán lugar a un cambio en el futuro. Viajes que te traerán contactos con personas nuevas de importancia fundamental en tu vida. Es el momento de saber y sentir. Aprender para el futuro.

ETERNA TRASCENDENCIA: «Los sentidos marcarán una nueva etapa en tu capacidad de comprender».

DENOMINACIÓN DE LA LÁMINA: Descubrimiento.

60 EL AVANCE

SIGNIFICADO SIMBOLÓGICO

PARTE SUPERIOR
Un camino, en el horizonte hay luz. Se refiere al avance hacia lo desconocido.

PARTE CENTRAL
Un hombre de aspecto cansado sostiene un libro. Se aleja de la oscuridad. Se dirige al templo de la dulzura para entrar en el mundo de los muertos.

PARTE INFERIOR
Unas flechas ensangrentadas que se cruzan al modo de Osiris. La inmortalidad ensangrentada por el esfuerzo.

RESPUESTA INCONSCIENTE

REPRESENTACIÓN NUMEROLÓGICA: 60 = 6 + 0 = 6
La triple forma, el triple espíritu, la serpiente que se muerde la cola, el círculo y el camino, la inversión del nueve. La estrella de seis puntas, el sello de Salomón, la verdad en todas sus manifestaciones terrenales.

CORRELACIÓN ASTROLÓGICA: Planeta Venus. El avance, la mejora, la mitad del camino.

LETRA HEBREA: Vau. Ley.

Respuesta consciente

DEIDAD EGIPCIA: Carnero. Dulzura.

SIGNIFICADO ADIVINATORIO: Es una época de aprendizaje en la que se sufre para poder evolucionar. El plano puede ser material o espiritual, dependerá de las cartas que la rodean.

ETERNA TRASCENDENCIA: «Ser mejor no es tener más suerte sino vibrar en una escala superior en un mundo inferior».

DENOMINACIÓN DE LA LÁMINA: El Avance.

61 EL AISLAMIENTO

Significado simbológico

PARTE SUPERIOR

Una ventana suspendida en el aire. El fondo es oscuro y tenebroso. Los dioses no dejan entrar la luz.

PARTE CENTRAL

En una noche oscura, un hombre se dirige al cielo implorando piedad. Detrás de él, una luz tenue aparece entre las rocas. Representa a un hombre perdido, con la verdad a su espalda. Los dioses le han abandonado.

PARTE INFERIOR

Dos porciones de tierra separadas. El obstáculo es insalvable.

Respuesta inconsciente

REPRESENTACIÓN NUMEROLÓGICA: 61 = 6 + 1 = 7

Es el número mágico. La magia del sentimiento y la nueva creación. Siete notas musicales. Siete colores. Los siete días de la creación del mundo. Siete iniciaciones diferentes. Siete poderes mentales. Siete culminaciones. Los mundos materiales caminan hacia los inmateriales. Son los cambios imparables en los ciclos de la vida.

CORRELACIÓN ASTROLÓGICA: Planeta Neptuno. El aislamiento, el alejamiento de los que se quieren.

LETRA HEBREA: Zaïn. Triunfo.

RESPUESTA CONSCIENTE

DEIDAD EGIPCIA: Planeta. Lugar.

SIGNIFICADO ADIVINATORIO: Es una situación forzosa porque las circunstancias empujan a una separación de amigos, amor, familia (dependerá de las cartas que rodeen a ésta. El consultante atraviesa una situación de soledad y no puede obtener ayuda de nadie). Sólo el tiempo reconstruirá su alma.

ETERNA TRASCENDENCIA: «El tiempo está a tu favor, aunque el dolor parezca eterno».

DENOMINACIÓN DE LA LÁMINA: El Aislamiento.

62 LA AUTORIDAD

SIGNIFICADO SIMBOLÓGICO

PARTE SUPERIOR
Una corona como símbolo de autoridad.

PARTE CENTRAL
Un guardián está torturando a un esclavo. Éste esconde la cara entre sus manos; es el signo de su cobardía. La autoridad se cobra su tributo.

PARTE INFERIOR
Dos leones se miran en señal de ataque. Representan la lucha.

RESPUESTA INCONSCIENTE

REPRESENTACIÓN NUMEROLÓGICA: 62 = 6 + 2 = 8
La polaridad masculina y femenina en el mundo inmaterial. La recompensa por redimirse de los placeres materiales. La fuerza superior del hombre ha vencido a la inferior. La conciencia es la reina.

CORRELACIÓN ASTROLÓGICA: Planeta Saturno. Autoridad e imposición, orgullo y sometimiento.

LETRA HEBREA: Heth. Compensación.

Respuesta consciente

DEIDAD EGIPCIA: León. Dureza.

SIGNIFICADO ADIVINATORIO: Es el momento de callar y sopesar lo que nos conviene a largo plazo. Te sentirás injustamente tratado pero no podrás protestar porque no tendrás suficiente poder. Deberás esperar aunque tú tengas razón.

ETERNA TRASCENDENCIA: «Tu verdugo jamás será tu amigo; esto será así por ambas partes, recuérdalo».

DENOMINACIÓN DE LA LÁMINA: La Autoridad.

63 LA UNIÓN

SIGNIFICADO SIMBOLÓGICO

PARTE SUPERIOR
Dos aves vuelan majestuosas. Simboliza la unión.

PARTE CENTRAL
Un hombre, una mujer y un niño miran hacia el futuro. Representan la inmortalidad.

PARTE INFERIOR
Una balanza equilibrada con un papiro en cada platillo. Simboliza los pactos.

RESPUESTA INCONSCIENTE

REPRESENTACIÓN NUMEROLÓGICA: 63 = 6 + 3 = 9
Nueve meses de gestación. El estado de espera, la etapa final. Lo absoluto y relativo. Lo concreto fusionado con lo abstracto. La cima final, la más dolorosa, el recuerdo más vivo, el fin justifica los medios. La iluminación interna.

CORRELACIÓN ASTROLÓGICA: Planeta Marte. Casamiento, unión, felicidad, la eternidad, el para siempre.

LETRA HEBREA: Teth. Impenetrable.

Respuesta consciente

DEIDAD EGIPCIA: Mano. Pacto.

SIGNIFICADO ADIVINATORIO: Es la unión matrimonial basada en los cánones tradicionales, papeles, legalidad. Es conocido públicamente. Es por amor, ése es el fundamento de la unión. Si representa el trabajo es la sociedad perfecta.

ETERNA TRASCENDENCIA: «Dos personas unidas, juntas en la vida, separadas por la mediocridad».

DENOMINACIÓN DE LA LÁMINA: La Unión.

64 CONDESCENDENCIA

Significado simbológico

PARTE SUPERIOR
Un búho observa cómo camina fatigado un buey. Éste simboliza la claridad de las ideas y la abundancia.

PARTE CENTRAL
Un hombre de aspecto cruel rasga las vestiduras a otro hombre de actitud impasible. Mientras uno de ellos provoca y está perdido, el otro perdona y está salvado por los dioses.

PARTE INFERIOR
Un arado; es la herramienta utilizada para sembrar. En este caso simboliza la paz.

Respuesta inconsciente

REPRESENTACIÓN NUMEROLÓGICA: $64 = 6 + 4 = 10 = 1 + 0 = 1$
Es la unidad, la esencia primitiva, el punto no manifestado, el padre, el poder creador, lo masculino. «La luz que invade todo y todo vuelve a su punto de origen». Pureza. Armonía.

CORRELACIÓN ASTROLÓGICA: Planeta Sol. Condescendencia y admisión a la espera de lograr tus fines.

LETRA HEBREA: Áleph. Guía.

RESPUESTA CONSCIENTE

DEIDAD EGIPCIA: Búho. Observación.

SIGNIFICADO ADIVINATORIO: La sabiduría medirá tus actos. La gente confía en ti. Tu vida no es un edén, pero la admites y eres capaz de luchar. Sabes vivir y comprendes tus limitaciones, no hay contradicciones en tu alma.

ETERNA TRASCENDENCIA: «Has aprendido después de muchos errores».

DENOMINACIÓN DE LA LÁMINA: Condescendencia.

65 LA ENSEÑANZA

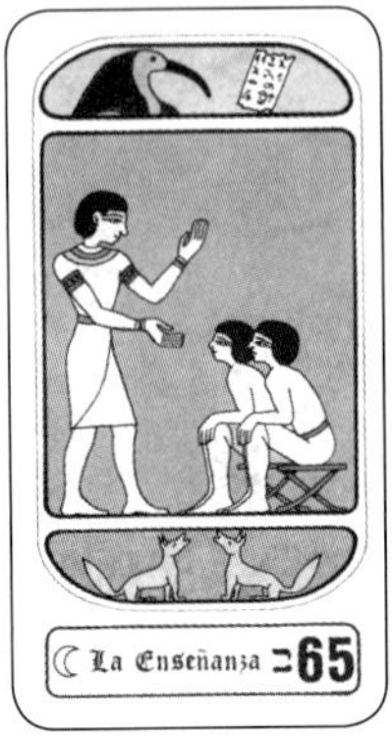

SIGNIFICADO SIMBOLÓGICO

PARTE SUPERIOR
Una representación del dios Thot frente a un papiro escrito. Simboliza a aquel que todo lo conoce.

PARTE CENTRAL
Un hombre ilustrado está enseñando a dos niños que escuchan atentamente. Representa las enseñanzas del sabio.

PARTE INFERIOR
Dos lobos aullando. Representan la ignorancia que permanece en las tinieblas.

RESPUESTA INCONSCIENTE

REPRESENTACIÓN NUMEROLÓGICA: 65 = 6 + 5 = 11 = 1 + 1 = 2
La dualidad positiva y negativa. Lo femenino. La madre divina. Lo opuesto de la naturaleza, el bien y el mal. El binario, el estado impuro. Es el contraste. Los pitagóricos defendían la teoría de que cuando el primer ser se separó de la mónada se convirtió en un estado imperfecto en el que el bien y el mal se dividieron.

CORRELACIÓN ASTROLÓGICA: Planeta Luna. Conocimiento, enseñanza, docencia.

LETRA HEBREA: Beth. Ensoñación.

RESPUESTA CONSCIENTE

DEIDAD EGIPCIA: Lobo. Rapidez.

SIGNIFICADO ADIVINATORIO: Pronto tendrás una época en la que encontrarás tu camino, que pondrá en marcha la rueda de tu destino. Es tiempo de espera. Grandes sorpresas te esperan. Eres el elegido.

ETERNA TRASCENDENCIA: «Pronto dejarás de ser quien eres».

DENOMINACIÓN DE LA LÁMINA: La Enseñanza.

66 LA SORPRESA

Significado simbológico

PARTE SUPERIOR
Una espada clavada en una mano. Simboliza la lucha que atenta contra la vida.

PARTE CENTRAL
Una mujer de alcurnia, bien vestida; lleva en una mano una flor (el bien) y en la otra una serpiente (el mal). Intenta controlar ambas cosas.

PARTE INFERIOR
Dos vasijas: de una salen serpientes hacia la otra que contiene flores. Es el mal que acecha al bien.

Respuesta inconsciente

REPRESENTACIÓN NUMEROLÓGICA: 66 = 6 + 6 = 12 = 1 + 2 = 3
Regeneración de la naturaleza. El hijo nacido del padre y de la madre, es la *consecuencia.* Es el símbolo de lo divinizado, con las tres partes: creación, equilibrio y destrucción. La fecundidad. El logos. El triángulo.

CORRELACIÓN ASTROLÓGICA: Planeta Júpiter. Sorpresas, situaciones inesperadas que harán que el sujeto actúe sobre la marcha.

LETRA HEBREA: Ghímel. Dinamismo.

Respuesta consciente

DEIDAD EGIPCIA: Espada. Lucha.

SIGNIFICADO ADIVINATORIO: Época de incomprensión, pero aunque no lo comprendas todo tiene su lógica. Hombre o mujer que te ayuda. Aunque creas que está todo perdido, no es así; sólo está en suspenso, hasta que los dioses digan lo contrario.

ETERNA TRASCENDENCIA: «La espera es producto de la enseñanza».

DENOMINACIÓN DE LA LÁMINA: La Sorpresa.

67 LA AMISTAD

SIGNIFICADO SIMBOLÓGICO

PARTE SUPERIOR
Una escalera que simboliza los obstáculos que hay que salvar, y unas flores, la recompensa que se recibirá.

PARTE CENTRAL
Dos mujeres cogidas de la mano se dirigen hacia una escalera de siete peldaños (son los siete dones que los dioses otorgan a los hombres). Una de ellas es una diosa, la otra es terrenal.

PARTE INFERIOR
Una mesa con gran variedad de frutos. Simboliza la abundancia.

RESPUESTA INCONSCIENTE

REPRESENTACIÓN NUMEROLÓGICA: 67 = 6 + 7 = 13 = 1 + 3 = 4
Es la forma, los cuatro elementos: aire, agua, fuego, tierra. La manifestación terrenal. El poder, la fuerza. El *tetragrámmaton* de cuatro letras. El cuadrado perfecto, el *tetraktys,* el *no ser* ilimitado y absoluto. Raíz del todo.

CORRELACIÓN ASTROLÓGICA: Planeta Urano. La unión espiritual máxima en la Tierra.

LETRA HEBREA: Dáleth. Poder.

RESPUESTA CONSCIENTE

DEIDAD EGIPCIA: Hipopótamo. La fecundidad.

SIGNIFICADO ADIVINATORIO: Nuevos amigos; conocerás la amistad perfecta en este mundo, pues habrá una persona de la que aprenderás que la amistad puede existir en su grado más desinteresado. Os habéis encontrado en otras reencarnaciones, el tiempo no será importante, sólo vuestra unión.

ETERNA TRASCENDENCIA: «Uno de los siete dones de la naturaleza te ha sido entregado, hazte merecedor de él».

DENOMINACIÓN DE LA LÁMINA: La Amistad.

68 EL NEGOCIO

SIGNIFICADO SIMBOLÓGICO

PARTE SUPERIOR
Un buitre con el pico abierto.

PARTE CENTRAL
Un hombre observa a un mercader con intención de comprar. Representa el comercio.

PARTE INFERIOR
Una estrella de cinco puntas y una bolsa con monedas. Simboliza el destino del afortunado.

RESPUESTA INCONSCIENTE

REPRESENTACIÓN NUMEROLÓGICA: 68 = 6 + 8 = 14 = 1 + 4 = 5
La mente, el quinto pedestal, el espíritu mental, la pirámide, el pentagrama, la estrella de cinco puntas, el hombre, la nada.

CORRELACIÓN ASTROLÓGICA: Planeta Mercurio. El negocio próspero que crecerá.

LETRA HEBREA: He. Iniciación.

Respuesta consciente

DEIDAD EGIPCIA: Cocodrilo. Acción.

SIGNIFICADO ADIVINATORIO: Invertirás tu esfuerzo, dinero y bienes en distintos negocios. A partir de hoy crecerá tu fortuna. Aunque tú no lo deseas, será así porque es la fortuna que llama a tu puerta.

ETERNA TRASCENDENCIA: «Tu suerte es envidiada por muchos».

DENOMINACIÓN DE LA LÁMINA: El Negocio.

69 LA CASUALIDAD

Significado simbológico

PARTE SUPERIOR

Hay tres estrellas de seis puntas, la primera es luminosa y la tercera oscura. El cielo tiene tonos diferentes para cada estrella. La estrella más clara representa la esperanza, la central el destino y la oscura las tinieblas.

PARTE CENTRAL

La diosa Nut que cobija en su interior a una mujer embarazada. Símbolo de fecundidad.

PARTE INFERIOR

Un escarabajo dentro de un cartucho. Representa la vida.

Respuesta inconsciente

REPRESENTACIÓN NUMEROLÓGICA: 69 = 6 + 9 = 15 = 1 + 5 = 6

La triple forma, el triple espíritu, la serpiente que se muerde la cola, el círculo y el camino, la inversión del nueve. La estrella de seis puntas, el sello de Salomón, la verdad en todas sus manifestaciones terrenales.

CORRELACIÓN ASTROLÓGICA: Planeta Venus. La casualidad que traerá suerte (lotería, etc.).

LETRA HEBREA: Vau. Ley.

RESPUESTA CONSCIENTE

DEIDAD EGIPCIA: Pájaro. Libertad.

SIGNIFICADO ADIVINATORIO: La casualidad es la que manda en tu vida, por suerte o por desgracia cambias de rumbo (lo marcan los cambios que la rodean).

ETERNA TRASCENDENCIA: «La casualidad no existe como tal, sólo es el destino disfrazado».

DENOMINACIÓN DE LA LÁMINA: La Casualidad.

70 EL EQUIPO

Significado simbológico

PARTE SUPERIOR
La cabeza de un toro como símbolo de fuerza y dignidad.

PARTE CENTRAL
Dos hombres están esculpiendo un obelisco. Representa la historia escrita del pueblo.

PARTE INFERIOR
Varias manos sostienen una misma piedra. Representa la unidad.

Respuesta inconsciente

REPRESENTACIÓN NUMEROLÓGICA: 70 = 7 + 0 = 7
Es el número mágico. La magia del sentimiento y la nueva creación. Siete notas musicales. Siete colores. Los siete días de la creación del mundo. Siete iniciaciones diferentes. Siete poderes mentales. Siete culminaciones. Los mundos materiales caminan hacia los inmateriales. Son los cambios imparables en los ciclos de la vida.

CORRELACIÓN ASTROLÓGICA: Planeta Neptuno. Trabajo en equipo. Unión de diferentes ideas.

LETRA HEBREA: Zaïn. Triunfo.

Respuesta consciente

DEIDAD EGIPCIA: Escarabajo. Vitalidad.

SIGNIFICADO ADIVINATORIO: No estás solo; en tu barco hay varios que persiguen tus mismos objetivos. Si se trata de una herencia, todos cooperarán para que vaya bien. Si es amor, serás correspondido.

ETERNA TRASCENDENCIA: «Preocuparse ahora es un error».

DENOMINACIÓN DE LA LÁMINA: El Equipo.

71 LA CONSERVACIÓN

Significado simbológico

PARTE SUPERIOR
Una pirámide. Símbolo de inmortalidad.

PARTE CENTRAL
Un hombre contempla su almacén de vasijas, que están llenas. Representa la prudencia.

PARTE INFERIOR
Una vasija rota y un halcón que alza el vuelo. Simboliza lo perecedero y lo inmortal.

Respuesta inconsciente

REPRESENTACIÓN NUMEROLÓGICA: 71 = 7 + 1 = 8
La polaridad masculina y femenina en el mundo inmaterial. La recompensa por redimirse de los placeres materiales. La fuerza superior del hombre ha vencido a la inferior. La conciencia es la reina.

CORRELACIÓN ASTROLÓGICA: Planeta Saturno. Conservadurismo y abulia.

LETRA HEBREA: Heth. Compensación.

Respuesta consciente

DEIDAD EGIPCIA: Vasijas. Lo que se guarda.

SIGNIFICADO ADIVINATORIO: Actitud absurda que te está creando enemigos. Tienes miedo y es ése el amigo íntimo que no te deja respirar. No vives, el dinero te da tranquilidad pero en vano, porque lo que no se comparte no es válido.

ETERNA TRASCENDENCIA: «Los dioses se ríen de ti».

DENOMINACIÓN DE LA LÁMINA: La Conservación.

72 LO DIGNO

Significado simbológico

PARTE SUPERIOR

Un pez de colores nadando por el Nilo. Representa la abundancia.

PARTE CENTRAL

Un faraón con la llave de la vida en su mano izquierda; pasea por un jardín. Su porte es digno y altivo. Representa la felicidad y la riqueza.

PARTE INFERIOR

Efigie de un faraón como símbolo de inmortalidad.

Respuesta inconsciente

REPRESENTACIÓN NUMEROLÓGICA: 72 = 7 + 2 = 9

Nueve meses de gestación. El estado de espera, la etapa final. Lo absoluto y relativo. Lo concreto fusionado con lo abstracto. La cima final, la más dolorosa, el recuerdo más vivo, el fin justifica los medios. La iluminación interna.

CORRELACIÓN ASTROLÓGICA: Planeta Marte. La belleza y el amor distinguen conjuntamente con la fuerza terrenal.

LETRA HEBREA: Teth. Impenetrable.

Respuesta consciente

deidad egipcia: Pez. Valor purificador.

significado adivinatorio: Es el momento de pagar deudas y saldar restos del pasado. Tu reencuentro con los fantasmas es necesario y liberador. Al final encontrarás tu paz inquebrantable. Triunfo.

eterna trascendencia: «Aprovecha la oportunidad y deja claro todo lo que te preocupa».

denominación de la lámina: Lo Digno.

73 LA OBSESIÓN

SIGNIFICADO SIMBOLÓGICO

PARTE SUPERIOR
Un buey engalanado. Representa la riqueza.

PARTE CENTRAL
Un hombre y una mujer cogidos de la mano se miran afectuosamente. Representa el amor.

PARTE INFERIOR
Un zorro corre hacia una flor. Simboliza la habilidad en pos de la vida.

RESPUESTA INCONSCIENTE

REPRESENTACIÓN NUMEROLÓGICA: 73 = 7 + 3 = 10 =1 + 0 = 1
Es la unidad, la esencia primitiva, el punto no manifestado, el padre, el poder creador, lo masculino. «La luz que invade todo y todo vuelve a su punto de origen». Pureza. Armonía.

CORRELACIÓN ASTROLÓGICA: Planeta Sol. Enamorarse y sentir. Escribir, pintar, plasmar lo que se siente.

LETRA HEBREA: Áleph. Es el guía.

Respuesta consciente

deidad egipcia: Vaca. Fecundidad.

significado adivinatorio: Te enamoras y tu objetividad desaparece. Cuídate de la pasión, no sea que te haga tirar lo que tienes.

eterna trascendencia: «Cuídate de los espejismos».

denominación de la lámina: La Obsesión.

74 NACIMIENTO

Significado simbológico

PARTE SUPERIOR
Un manantial del que mana agua cristalina. Significa el principio.

PARTE CENTRAL
Una mujer sentada leyendo un manuscrito; está en el interior de una casa. Simboliza el entendimiento.

PARTE INFERIOR
Un gato en reposo, con ojos brillantes y atentos. Representa la protección.

Respuesta inconsciente

REPRESENTACIÓN NUMEROLÓGICA: 74 = 7 + 4 = 11 = 1 + 1 = 2
La dualidad positiva y negativa. Lo femenino. La madre divina. Lo opuesto de la naturaleza, el bien y el mal. El binario, el estado impuro. Es el contraste. Los pitagóricos defendían la teoría de que cuando el primer ser se separó de la mónada se convirtió en un estado imperfecto en el que el bien y el mal se dividieron.

CORRELACIÓN ASTROLÓGICA: Planeta Luna. El sacrificio. Nacimiento. Generosidad.

LETRA HEBREA: Beth. Ensoñación.

RESPUESTA CONSCIENTE

DEIDAD EGIPCIA: Agua. Paz.

SIGNIFICADO ADIVINATORIO: Ayudarás a los demás, eso hará que te sientas mejor y te ayudará a ser feliz. No por ello serás mejor, sino sólo más sacrificado y útil.

ETERNA TRASCENDENCIA: «No es bueno el que da, sino el que da bien».

DENOMINACIÓN DE LA LÁMINA: Nacimiento.

75 LA VIDA

Significado simbológico

PARTE SUPERIOR
Un sol egipcio pretende atrapar a un halcón. Simboliza la vida material que persigue al alma inmortal.

PARTE CENTRAL
Delante de una pirámide, un hombre ofrece sus frutos. Representa el culto a los antepasados.

PARTE INFERIOR
Sobre una bandeja de oro, una corona. Simboliza el poder que permanece.

Respuesta inconsciente

REPRESENTACIÓN NUMEROLÓGICA: 75 = 7 + 5 = 12 = 1 + 2 = 3
Regeneración de la naturaleza. El hijo nacido del padre y de la madre, es la *consecuencia.* Es el símbolo de lo divinizado, con las tres partes: creación, equilibrio y destrucción. La fecundidad. El logos. El triángulo.

CORRELACIÓN ASTROLÓGICA: Planeta Júpiter. Repartir, dar, vivir en la abundancia.

LETRA HEBREA: Ghímel. Dinamismo.

Respuesta consciente

DEIDAD EGIPCIA: Corona. Herencia.

SIGNIFICADO ADIVINATORIO: Adquieres riqueza pero la das y la compartes con los que te rodean. Los honores son merecidos. Los amigos te quieren, el amor te ama, los hijos te respetan y tú les correspondes con humildad.

ETERNA TRASCENDENCIA: «Tienes el segundo de los siete dones de la naturaleza».

DENOMINACIÓN DE LA LÁMINA: La Vida.

76 REPARTIR

SIGNIFICADO SIMBOLÓGICO

PARTE SUPERIOR
Unos ojos que miran. Los dioses están observando.

PARTE CENTRAL
Desde un carro un hombre arroja comida a unos perros. Representa a aquel que da sin que importe a quién. La generosidad.

PARTE INFERIOR
Un lienzo cubierto de monedas de oro. Es la riqueza externa.

RESPUESTA INCONSCIENTE

REPRESENTACIÓN NUMEROLÓGICA: 76 = 7 + 6 = 13 = 1 + 3 = 4
Es la forma, los cuatro elementos: aire, agua, fuego, tierra. La manifestación terrenal. El poder, la fuerza. El *tetragrámmaton* de cuatro letras. El cuadrado perfecto, el *tetraktys,* el *no ser* ilimitado y absoluto. Raíz del todo.

CORRELACIÓN ASTROLÓGICA: Planeta Urano. Suerte que se da a los demás. Hacer obras que disfrutarán otros.

LETRA HEBREA: Dáleth. Poder.

Respuesta consciente

DEIDAD EGIPCIA: La Balanza. Medida justa.

SIGNIFICADO ADIVINATORIO: Trabajas mucho, das mucho, quieres todo y a cambio tienes menos, pero ése es el momento que te toca vivir.

ETERNA TRASCENDENCIA: «Naciste para dar y ser recordado».

DENOMINACIÓN DE LA LÁMINA: Repartir.

77 EL DESEQUILIBRIO

Significado simbológico

PARTE SUPERIOR
Una llave egipcia (ank) desiguala una balanza. Representa el desequilibrio.

PARTE CENTRAL
Un paisaje desolador con una fuente. La vegetación está muerta, los animales también. Representa la muerte que convive con la vida.

PARTE INFERIOR
Un día de sol con lluvia. Representa los dos aspectos de la vida: la luz y la sombra.

Respuesta inconsciente

REPRESENTACIÓN NUMEROLÓGICA: 77 = 7 + 7 = 14 = 1 + 4 = 5
La mente, el quinto pedestal, el espíritu mental, la pirámide, el pentagrama, la estrella de cinco puntas, el hombre, la nada.

CORRELACIÓN ASTROLÓGICA: Planeta Mercurio. La indecisión, el desequilibrio.

LETRA HEBREA: He. Iniciación.

Respuesta consciente

deidad egipcia: La Llave. Tiempo.

significado adivinatorio: No sólo estás solo, sino perdido. A tu alrededor puedes encontrar ayudas pero no las ves.

eterna trascendencia: «No sabes luchar, sólo llorar y debes reaccionar para sobrevivir».

denominación de la lámina: El Desequilibrio.

78 EL RENACER

Significado simbológico

PARTE SUPERIOR

Un cetro surge de una nube. Simboliza la autoridad en las tinieblas.

PARTE CENTRAL

Un hombre rico pasea por un oasis de palmeras, algunas están germinando. Está disfrutando de la vida.

PARTE INFERIOR

Un río lleno de peces; en la orilla hay flores. Simboliza la abundancia del Todo.

Respuesta inconsciente

REPRESENTACIÓN NUMEROLÓGICA: 78 = 7 + 8 = 15 = 1 + 5 = 6

La triple forma, el triple espíritu, la serpiente que se muerde la cola, el círculo y el camino, la inversión del nueve. La estrella de seis puntas, el sello de Salomón, la verdad en todas sus manifestaciones terrenales.

CORRELACIÓN ASTROLÓGICA: Planeta Venus. Volver a sentir el equilibrio, la razón de existir.

LETRA HEBREA: Vau. Ley.

Respuesta consciente

DEIDAD EGIPCIA: Cetro. Mando.

SIGNIFICADO ADIVINATORIO: Es buena tu suerte para ti que has llegado al final de tus conquistas y puedes explicarlas. Es el momento de comenzar a buscar nuevos horizontes.

ETERNA TRASCENDENCIA: «Has alcanzado la séptima ley de la naturaleza: el triunfo».

DENOMINACIÓN DE LA LÁMINA: El Renacer.

Capítulo III

LECTURA DE LA EVOLUCIÓN

Es una lectura que va más allá de la adivinación; es una respuesta a la situación presente y da información sobre los medios que tienes a tu alcance para luchar contra el Destino.

El Destino es un factor inherente al concepto de *Karma*; la suerte y la adversidad no sólo dependen de vuestros actos, sino que también están condicionadas a los méritos adquiridos en anteriores existencias. El hecho de marchar de este mundo es una liberación que sólo merecen los evolucionados espiritualmente, pues volver a este mundo significa sufrir, es venir al infierno.

Por ello, el análisis de esta lectura es un reflejo del grado de evolución alcanzado; de las cualidades, defectos y actos que debemos enmendar o superar para cumplir con nuestro destino. El resultado indicará en qué momento de nuestra evolución nos hallamos.

EXPLICACIÓN DE LA LECTURA

Está compuesta por nueve cartas. Las cartas en su disposición de tres hileras representan tres pilares que forman un templo. Este templo se refiere al hombre que tiene tres cuerpos que envuelven su esencia de ser:

a) El cuerpo mental, que se corresponde con el pilar de las cualidades (hacia los demás, para con uno mismo, para con los que amas).
b) El cuerpo espiritual, que se corresponde con el pilar de los defectos (hacia los demás, para con uno mismo, para con los que amas).
c) El cuerpo físico, que se corresponde con el pilar de los actos (leales, las traiciones, las cobardías).

En esta lectura, no sólo deberemos analizar cada una de las posiciones por sí mismas, sino también el resultado numerológico de diferentes grupos. Es decir:

- Posiciones 1 + 2 + 3 = Obstáculos de uno mismo.
  Los obstáculos que se provoca uno mismo.
- Posiciones 4 + 5 + 6 = Enemigos.
  Los enemigos que te traza el Destino: tu Karma.
- Posiciones 7 + 8 + 9 = Conflictos.
  Los conflictos que marca el Destino: los dioses a favor o en contra.
- Posiciones 1 + 4 + 7 = Cualidades.
- Posiciones 2 + 5 + 8 = Defectos.
- Posiciones 3 + 6 + 9 = Actos.
- Posiciones 1 + 5 + 9 = *La recompensa.*
- Posiciones 2 + 5 + 8 = *El resultado.*
- Posiciones 3 + 5 + 7 = *La evolución.*

Los números resultantes de estos tres últimos grupos de posiciones se suman y de su resultado extraeremos el número de vidas que quedan según la tabla que hallaréis a continuación.

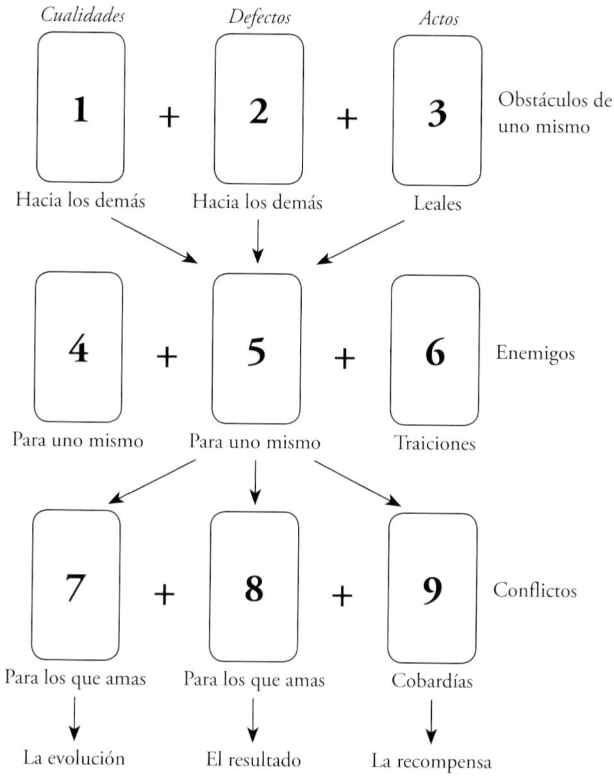

Si el número resultante es 7 o 9, significa que habéis aprendido lo suficiente y no tendréis que volver a este mundo. Renaceréis en un mundo superior, donde no existe el dolor físico ni la angustia, y entraréis en un plano de existencia diferente.

TABLA DE CÁLCULO DE VIDAS

Número		*Mínimo*		*Máximo*
1	....	1	a	10 vidas
2	....	2	a	20 vidas
3	....	3	a	30 vidas
4	....	4	a	40 vidas
5	....	5	a	15 vidas
6	....	6	a	20 vidas
7	....		ninguna	(no hay más vidas)
8	....	8	a	25 vidas
9	....		ninguna	(no hay más vidas)

MÍNIMO Y MÁXIMO

Se entenderá el resultado mínimo cuando en la posición de *Traiciones y Cobardías* el sujeto tiene cartas favorables.

CONSIDERACIONES

El número 7 establece que no vuelves a este mundo y eres consciente de todo lo que te ocurre.

El número 9 significa que hasta el final de esta vida no llegarás a ser consciente del motivo de tu sufrimiento, porque desconoces las causas.

EJEMPLO PRÁCTICO

Una mujer de 36 años, se halla en un momento crítico de su vida y quiere saber qué hace bien y qué hace mal para comprender el porqué de lo que le está pasando. Para averiguarlo recurre a esta lectura

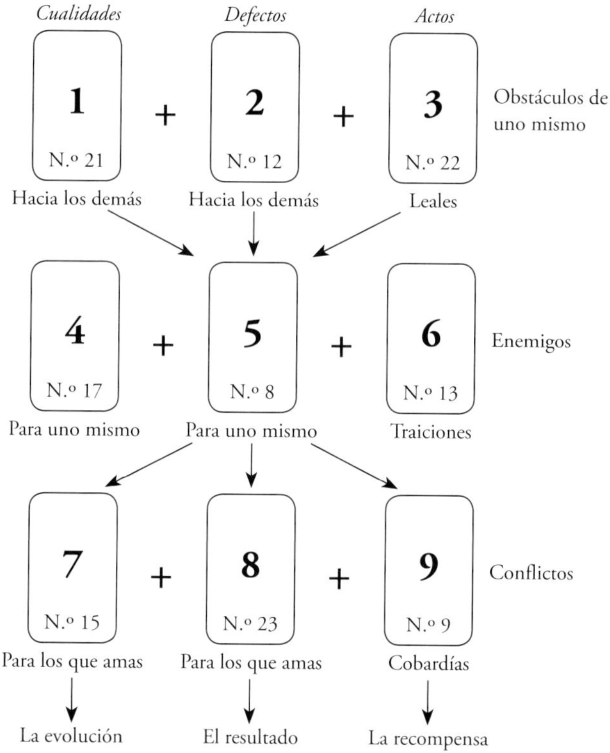

Posición 1
Cualidades (hacia los demás)
Carta n.º 21 El Mundo

Representación numerológica: 21 = 3
Es la regeneración de la naturaleza. El hijo nacido del padre y de la madre, es la *consecuencia.* Es el símbolo de lo divinizado, con las tres partes: creación, equilibrio y destrucción. La fecundidad. El logos. El triángulo.

Correlación astrológica
Neptuno exaltado en Acuario. Manifestación mental. «En su ausencia el Todo es incognoscible». *Kybalion.*

Letra hebrea
Shin: Cambios creadores.

Interpretación
Persona consecuente, creativa y equilibrada. Capaz de destruir. Inteligente y capaz de trabajar en equipo.
Acuario innovador y abundante por Neptuno.
El significado del *Kybalion* nos trasmite que en ausencia del conocimiento, éste se desconoce y la cualidad mayor es la ignorancia. En este caso, del peligro de fracasar.

Posición 2
Defectos (hacia los demás)
Carta n.º 12 El Colgado

Representación numerológica: 12 = 3
Es la regeneración de la naturaleza. El hijo nacido del padre y de la madre, es la *consecuencia.* Es el símbolo de lo divinizado con las tres partes: creación, equilibrio y destrucción. Logos. Fecundidad. Triángulo.

Correlación astrológica
Luna exaltada en Tauro. Manifestación mental. «El verdadero sabio, conociendo la naturaleza del universo, emplea la ley contra las leyes: las superiores contra las inferiores, y por medio de la alquimia trasmuta todo lo que no es deseable en lo valioso y de esta manera triunfa. La iniciación consiste no en sueños anormales, visiones o imágenes fantasmagóricas, sino en el sabio empleo de las fuerzas superiores contra las inferiores». *Kybalion.*

Letra hebrea
Lámed: Es el sacrificio.

Interpretación
Es la creación para destruir a los demás. Es la lucha para cambiar lo que existe a su propia conveniencia sin importar el método. El sacrificio es su sufrimiento por lo que existe a su alrededor.

Posición 3

Actos (lealtades)

Carta n.º 22 El Loco

Representación numerológica: 22 = 4

Es la forma, los cuatro elementos: aire, agua, fuego, tierra. La manifestación terrenal. El poder, la fuerza. El *tetragrámmaton* de cuatro letras. El cuadrado perfecto, el *tetraktys,* el *no ser* ilimitado y absoluto. Raíz del Todo.

Correlación astrológica

Venus exaltada en Piscis. Manifestación mental. «Mas el dictamen de la razón debe ser recibido hospitalariamente y tratado con respeto». *Kybalion.*

Letra hebrea

Thaw: Comprensión del Todo.

Interpretación

Tus actos estarán bien comprendidos. Habrán sido hechos a conciencia por tu comprensión del Todo. Comprenderás y tratarás con respeto tus razonamientos.

Posición 4

Cualidades (para uno mismo)
Carta n.º 17 El Destino

Representación numerológica: 17 = 8
La polaridad masculina y femenina en el mundo inmaterial. La recompensa por redimirse de los placeres materiales. La fuerza superior del hombre ha vencido a la inferior. La conciencia es la reina.

Correlación astrológica
Saturno exaltado en Libra. Manifestación mental. «Toda causa tiene su efecto, todo efecto tiene su causa; todo sucede de acuerdo con la ley; la suerte no es más que el nombre que se le da a una ley no conocida; hay muchos planos de causalidad, pero nada se escapa a la ley». *Kybalion.*

Letra hebrea
Phe: Fe. Aliento.

Interpretación
La cualidad es máxima ya que el espíritu vence a la materia y los placeres ya no son tentaciones. La conciencia prevalece. La fuerza interna es la fe capaz de hacer girar el mundo en dirección contraria. Todo se cumple de acuerdo con el destino y el consultante es el propio elegido de su final.

Posición 5
Defectos (para uno mismo)
Carta n.º 8 La Justicia

Representación numerológica: 8
La polaridad masculina *y* femenina en el mundo inmaterial. La recompensa por redimirse de los placeres materiales. La fuerza superior del hombre ha vencido a la inferior. La conciencia es la reina.

Correlación astrológica
Saturno exaltado en Capricornio. Manifestación espiritual. Práctico, cauteloso, paciente y digno, voluntarioso y resistente. Se encuentra en situaciones donde la paciencia y la perseverancia son la nota dominante. Su fuerza espiritual está en su capacidad de resistencia.

Letra hebrea
Heth: Es la razón. El conocimiento.

Interpretación
Tu defecto es persistir hasta la saciedad cuando crees que tienes razón, y tu disposición a resistir es hasta la muerte. Ningún otro parámetro es consultado por el consultante, su razón es la única.

Posición 6

Actos (traiciones)

Carta n.º 13 La Muerte

Representación numerológica: 13 = 4

Es la forma, los cuatro elementos: aire, agua, fuego, tierra. La manifestación terrenal. El poder, la fuerza. El *tetragrámmaton* de cuatro letras. El cuadrado perfecto, el *tetraktys,* el *no ser* ilimitado y absoluto. Raíz del Todo.

Correlación astrológica

Mercurio exaltado en Géminis. Manifestación mental. «La trasmutación (no la negativa presuntuosa), es el alma del maestro». *Kybalion.*

Letra hebrea

Mem: Es el agua purificadora. Curación.

Interpretación

Cambiar la situación de una forma cronometrada, justa, es la curación de tus males y lo haces a traición.

Posición 7
Cualidades (para los que amas)
Carta n.º 15 El Mal

Representación numerológica: 15 = 6
La triple forma, el triple espíritu, la serpiente que se muerde la cola, el círculo y el camino, la inversión del nueve. La estrella de seis puntas, el sello de Salomón, la verdad en todas sus manifestaciones terrenales.

Correlación astrológica
Neptuno exaltado en Leo. Manifestación mental. «Nada reposa, todo se mueve, todo vibra». *Kybalion.*

Letra hebrea
Sámekh: Es el fuego creador.

Interpretación
La fuerza que se expansiona hacia los que amas remueve cualquier cosa o situación capaz de llegar a una situación nueva.

Posición 8
Defectos (para los que amas)
Carta n.º 23 El Comienzo

Representación numerológica: 23 = 5
La mente, el quinto pedestal, el espíritu mental, la pirámide, el pentagrama, la estrella de cinco puntas, el hombre, la nada.

Correlación astrológica
Planeta Mercurio. Es la actuación mental positiva que marcará años futuros. Los actos que perduran.

Letra hebrea
He: La iniciación.

Interpretación
Es la primera piedra indispensable para que quepa una segunda. Es el acto que obliga a los demás a continuar lo que el consultante quiere.

Posición 9

Actos (cobardías)
Carta n.º 9 El Ermitaño

Representación numerológica: 9

Nueve meses de gestación. El estado de espera, la etapa final. Lo absoluto y relativo. Lo concreto fusionado con lo abstracto. La cima final, la más dolorosa, el recuerdo más vivo, el fin justifica los medios. La iluminación interna.

Correlación astrológica

Marte exaltado en Aries. Manifestación espiritual. La libertad, la defensa, la energía, la estrategia. Se encuentra en batallas mentales o físicas, pero siempre descubriendo su espíritu, nunca en las sombras. Su fuerza espiritual es la *energía.*

Letra hebrea

Teth: Es el impenetrable.

Interpretación

Los actos son el precio que paga el consultante para llegar a donde él quiere. Sólo él es capaz de valorar su esfuerzo y eso le hace impenetrable. No acaba de decir todo lo que piensa.

Posiciones 1 + 2 + 3

Obstáculos de uno mismo
Cartas 21 + 12 + 22 = 55 = 10 = 1

Representación numerológica: 1

Es la unidad, la esencia primitiva, el punto no manifestado, el padre, el poder creador, lo masculino. «La luz que invade todo y todo vuelve a su punto de origen». Pureza. Armonía.

Interpretación

La búsqueda del principio en todas las cosas desfavorece las situaciones en general en las que el consultante no es capaz de asimilar diferentes sentimientos.

Posiciones 4 + 5 + 6

Enemigos que tendrá en este mundo.
Cartas 17 + 8 + 13 = 38 = 11 = 2

Representación numerológica: 2

La dualidad positiva y negativa. La madre divina. Lo opuesto de la naturaleza, el bien y el mal. El binario, el estado impuro. Es el contraste. Los pitagóricos defendían la teoría de que cuando el primer ser se separó de la mónada se convirtió en un estado imperfecto en el que el bien y el mal se dividieron.

Interpretación

Su actitud será mal comprendida puesto que sus contradicciones se ven agravadas por sus tendencias extremistas.

Posiciones 7 + 8 + 9

Conflictos

Cartas 15 + 23 +9 = 47 = 11 = 2

Representación numerológica: 2

La dualidad positiva y negativa. Lo femenino. La madre divina. Lo opuesto de la naturaleza, el bien y el mal. El binario, el estado impuro. Es el contraste. Los pitagóricos defendían la teoría de que cuando el primer ser se separó de la mónada se convirtió en un estado imperfecto en el que el bien y el mal se dividieron.

Interpretación

La lucha del bien y del mal creará confusiones y debilidades para el consultante. Siempre se encontrará en situaciones muy favorables o completamente adversas.

Posiciones 1 + 4 + 7

Cualidades

Cartas 21 + 17 + 15 = 53 = 8

Representación numerológica: 8

La polaridad masculina y femenina en el mundo inmaterial. La recompensa por redimirse de los placeres materiales. La fuerza superior del hombre ha vencido a la inferior. La conciencia es la reina.

Interpretación

Capaz de admitir los fallos, el consultante sabe reconocerlos públicamente y buscar nuevas soluciones.

Posiciones 2 + 5 + 8

Defectos

Cartas 12 + 8 + 23 = 43 =7

Representación numerológica: 7

Es el número mágico. La magia del sentimiento y la nueva creación. Siete notas musicales. Siete colores. Los siete días de la creación del mundo. Siete iniciaciones diferentes. Siete poderes mentales. Siete culminaciones. Los mundos materiales caminan hacia los inmateriales. Son los cambios imparables en los ciclos de la vida.

Interpretación

El consultante es poderoso sobre la mayoría de los seres que le rodean y abusa constantemente de su inteligencia y poder. Sabe manipular y lo hace sin piedad.

Posiciones 3 + 6 + 9

Actos

Cartas 22 + 13 + 9 = 44 = 8

Representación numerológica: 8

La polaridad masculina y femenina en el mundo inmaterial. La recompensa por redimirse de los placeres materiales. La fuerza superior del hombre ha vencido a la inferior. La conciencia es la reina.

Interpretación

El consultante tiene honor y actúa según sus convicciones. No se deja comprar y no se da por vencido fácilmente. Siempre llega a sus últimas consecuencias.

Posiciones 1 + 5 + 9
La Recompensa
Cartas 21 + 8 + 9 = 38 = 11 = 2

Representación numerológica: 2
La dualidad positiva y negativa. Lo femenino. La madre divina. Lo opuesto de la naturaleza, el bien y el mal. El binario, el estado impuro. Es el contraste. Los pitagóricos defendían la teoría de que cuando el primer ser se separó de la mónada se convirtió en un estado imperfecto en el que el bien y el mal se dividieron.

Posiciones 2 + 5 + 8
El Resultado
Cartas 12 + 8 + 23 = 43 =7

Representación numerológica: 7
Es el número mágico. La magia del sentimiento y la nueva creación. Siete notas musicales. Siete colores. Los siete días de la creación del mundo. Siete iniciaciones diferentes. Siete poderes mentales. Siete culminaciones. Los mundos materiales caminan hacia los inmateriales. Son los cambios imparables en los ciclos de la vida.

Posiciones 3 + 5 + 7
La Evolución
Cartas 22 + 8 + 15 = 45 = 9

Representación numerológica: 9
Nueve meses de gestación. El estado de espera, la etapa final. Lo absoluto y relativo. Lo concreto fusionado con lo abstracto. La cima final, la más dolorosa, el recuerdo más vivo, el fin justifica los medios. La iluminación interna.

Número de vidas
Conclusión de La Recompensa - El Resultado - La evolución
2 + 7 + 9 = 18 = 9

El consultante tiene un grado de evolución alto, y en él se atraviesan dos números impares y uno par. Por ello podemos decir que no carece del ángulo pasivo o activo. El 7 le da un punto final en su evolución. El 2 le da el convencimiento de que la perfección no existe, y el 9 es el esfuerzo de un mortal al analizar. El resultado final es otra vez el 9. Por ello, el consultante habrá aprendido lo suficiente y no tendrá que volver a este mundo.

Conclusión final

Depende del grado de evolución de cada uno para entender en su escala de valores lo que se ha analizado.

LECTURA DE LA VIDA

Esta lectura es quizá la más difícil y extensa de todas las utilizadas por los grandes especialistas. Es la más difícil de interpretar pero también la más exacta.

Si esta lectura se repite en diferentes épocas, el resultado deberá ser siempre el mismo; si no, consideraremos que el magnetismo del cartomántico no es bueno. Así como en astrología la lectura se hace a partir de una posición determinada de los astros en el momento de nacer, y es invariable, en la *lectura de la vida* con el Tarot Egipcio, su repetición es la prueba de fuego o el salto sin red para el cartomántico. Si superáis esta prueba, seréis sin lugar a dudas especialistas del Tarot. Pocos son los cartománticos que llegan a dominar esta lectura y son capaces de hacer predicciones sobre acontecimientos que nunca variarán a años vista. Por ello, a esta lectura bien podríamos llamarla Lectura del Destino.

Cuando practiquéis esta lectura, deberéis tener en cuenta las siguientes consideraciones:

- No se volverá a repetir la lectura hasta que haya transcurrido un mínimo de tiempo: un año aproximadamente.
- En esta lectura, sólo se plasmarán acontecimientos importantes; los detalles que configuran estos acontecimientos sólo se ven a corto plazo cuando se acerca el suceso; pretender una lectura a largo plazo con detalles será un error que nos llevará a una mala interpretación.
- Aunque la lectura indica en qué momento acaecerá la muerte del consultante, no deberemos interpretarlo si no es por indicación expresa de éste.

- En caso de duda en la interpretación de una carta, deberéis apuntar todas las posibilidades, no decantaros por una sola para no influir en el consultante. Leer el Tarot es informar y avisar, nunca dirigir.

EXPLICACIÓN DE LA LECTURA

Las cartas se disponen en filas de a siete. En principio extenderemos las cartas necesarias hasta reflejar los años actuales del consultante; a continuación se sigue con la lectura teniendo en cuenta los siguientes valores:

1.ª fila: abarca hasta los 20 años.
2.ª fila: hasta los 30 años.
3.ª fila: hasta los 40 años.
4.ª fila: tiene un valor de 20 años, hasta los 60 años.
5.ª fila: hasta los 83 años. Se van añadiendo cartas hasta que salga una combinación de fallecimiento. Si es necesaria una sexta fila, a cada una de las cartas se le dará el valor de un año.

EJEMPLO DE UNA PERSONA QUE VIVIRÁ HASTA LOS 83 AÑOS

0 a 10 años	11 a 12 años	13 a 14 años	15 a 16 años	17 a 18 años	19 años	20 años
21 años	21 a 22 años	23 a 24 años	25 a 26 años	27 a 28 años	29 años	30 años
31 años	32 a 33 años	33 a 34 años	35 a 36 años	37 a 38 años	39 años	40 años
41 años	41 a 42 años	42 a 43 años	45 a 50 años	51 a 55 años	56 a 58 años	58 a 60 años
65 años	70 años	75 años	80 años	81 años	82 años	83 años

En esta última fila, si antes no os habéis encontrado con las combinaciones de fallecimiento que se exponen más adelante, se continúa echando cartas hasta llegar el momento final.

Cada una de las posiciones corresponde a una edad (según el gráfico adjunto) y así se van encadenando los años hasta llegar a la combinación que indica el fallecimiento.

La cuarta posición de cada hilera es la más importante porque marca períodos de máxima dificultad. En el caso de una persona que viva hasta los 80 años, las posiciones más importantes son (15-16 años), (25-26 años), (35-36 años), (45-50 años) y (80 años).

Combinación de fallecimiento: Se calcula con la combinación seguida de tres cartas conflictivas:

- Las Penas, La Destrucción, La Angustia, El Mal.
- La Desesperación, La Muerte, El Aislamiento.
- El Colgado, El Juicio Final, El Rencor.
- El Logro, Los Problemas, La Autoridad.
- La Luna, El Duelo, El Renacer.

Combinación de enfermedad: Se calcula a partir de dos cartas conflictivas juntas.

EJEMPLO PRÁCTICO

José es un hombre de 30 años que consulta a una cartomántica, y ésta le hace una exposición de lo que ha sido y será su vida. Las cartas son las siguientes:

1.ª Fila

N.º 4	N.º 15	N.º 34	N.º 67	N.º 73	N.º 45	N.º 48

2.ª Fila

N.º 51	N.º 53	N.º 76	N.º 39	N.º 22	N.º 7	N.º 25

3.ª Fila

N.º 70	N.º 75	N.º 65	N.º 63	N.º 61	N.º 59	N.º 30

4.ª Fila

N.º 26	N.º 47	N.º 72	N.º 60	N.º 1	N.º 19	N.º 5

5.ª Fila

N.º 36	N.º 58	N.º 52	N.º 44	N.º 16	N.º 55	N.º 78

PRIMERA FILA: 0 A 20 AÑOS

Posición 1

0 a 10 años
Carta n.º 4 El Faraón

Deidad egipcia
Horus. Esperanza en la venganza.

Significado adivinatorio
La constancia traerá la solución. Es el mando de lo que se ha ganado con sangre. La institución, el título, el carisma del propio creador. La lucha que se realiza en el momento de ser atacado.

Eterna trascendencia
«La fuerza no tiene piedad».

Interpretación
En la infancia hay un autoritarismo bastante rígido en el entorno del consultante, por parte de la familia. Se han creado situaciones de excesiva disciplina y carencia de afecto. Sin embargo, el consultante es el elegido por la familia para continuar las tradiciones familiares. Sus estudios y amistades serán controlados por su familia.

Posición 2

11 a 12 años
Carta n.º 15 El Mal

Deidad egipcia
Menkeret. La maldad.

Significado adivinatorio
La violencia, la controversia, la maldad, la falsedad, el engaño, la decepción, la obsesión. La traición, el ansia. Los deseos no los consigues.

Eterna trascendencia
«Sufriendo se aprende y se pagan las deudas de este mundo».

Interpretación
Época difícil, en la que el consultante se rebela frente a su familia. Su actitud es objeto de duras críticas y es víctima de las acciones de la familia contra su voluntad. El sujeto no lo comprende y juzga como enemigos a sus familiares. Siente que el mundo es un lugar cruel.

Posición 3

13 a 14 años
Carta n.º 34 Los Cambios

Deidad egipcia
Sobek. La lucha.

Significado adivinatorio

Cambios nuevos que harán que alcances la fama. El proceso es lento pero seguro. Tu esfuerzo será recompensado y tu nombre será admitido como «valioso» en tu profesión. Pueden ser escritos (obras), pintura, música, política, pero siempre la «fama».

Eterna trascendencia: «Conseguirás lo que quieres, pero pagarás su precio».

Interpretación

Hay un cambio de escuela, de ambiente y amigos, favorable para el consultante. Marca un alejamiento del medio ambiente opresor. Este cambio será decisivo porque determina el momento en el que se elige la profesión. Son los estudios que en el futuro darán el éxito profesional.

Posición 4

15 a 16 años

Carta n.º 67 La Amistad

Deidad egipcia

Hipopótamo. La fecundidad.

Significado adivinatorio

Nuevos amigos, conocerás la amistad perfecta en este mundo, pues habrá una persona de la que aprenderás que la amistad puede existir en su grado más desinteresado. Os habéis encontrado en otras reencarnaciones, el tiempo no será importante, sólo vuestra unión.

Eterna trascendencia
«Uno de los siete dones de la naturaleza te ha sido entregado, hazte merecedor de ello».

Interpretación
Entra una persona importante en su vida, que le ayuda y enseña a adaptarse a la sociedad. Es amigo, no familiar. Es una persona que marca la personalidad y eleva los sentimientos humanitarios. Es un regalo de los dioses para que el sufrimiento cese.

Posición 5

17 a 18 años
Carta n.º 73 La Obsesión

Deidad egipcia
Vaca. Fecundidad.

Significado adivinatorio
Te enamoras y tu objetividad desaparece. Cuídate de la pasión que te haga tirar lo que tienes.

Eterna trascendencia
«Cuídate de los espejismos».

Interpretación
Llega el amor. Aparece una persona a nivel sentimental, no es la decisiva pero sí importante.

Posición 6

19 años
Carta n.º 45 La Innovación

Deidad egipcia

Atón-Ra. El primogénito.

Significado adivinatorio

Los que te rodean querrán ayudarte, todos querrán lo mejor para ti, pero sólo tú debes decidir lo que debes hacer. Como nueva valoración de tu vida debes hacerte una planificación para el futuro.

Eterna trascendencia

«Sé tú mismo».

Interpretación

Problemas sentimentales a consecuencia de un alejamiento necesario del lugar de origen para seguir su formación. Momento difícil porque la partida significa ruptura sentimental.

Posición 7

20 años
Carta n.º 48 El Logro

Deidad egipcia

Osiris-Horus. Dinamismo.

Significado adivinatorio

Es el punto final de una situación. Si lo anterior es favorable, el resultado también; pero si lo anterior es desastroso, la consumación es la culminación del desastre.

Eterna trascendencia

«Todo apunta hacia el final de la situación».

Interpretación

Término de los estudios. Logro. Los objetivos están conseguidos. Los planes de futuro son posibles gracias al esfuerzo anterior.

SEGUNDA FILA: 21 A 30 AÑOS

Posición 1

21 años

Carta n.º 51 El Consejo

Deidad egipcia

Halcón. Fuerza.

Significado adivinatorio

La intervención de un consejero para evitar problemas (ley, familia, amigos), es la ayuda que te dará el éxito.

Eterna trascendencia

«Busca consejo y hallarás la solución».

Interpretación

La familia te ayuda para que puedas poner en práctica tus cualidades profesionales. Esta ayuda tendrá sus inconvenientes, pero el consultante acepta la propuesta de trabajar en colaboración con la familia.

Posición 2

21 a 22 años

Carta n.º 53 El Rencor

Deidad egipcia

Pluma. Rango.

Significado adivinatorio

Una traición nos causa daño y el rencor nos acompaña contra Dios o los hombres. Lo primero si es por muerte, lo segundo si es terrenal.

Eterna trascendencia

«La venganza no es buena, aléjala de ti».

Interpretación

El consultante no es feliz, se siente decepcionado y amargado. El trabajo no le causa felicidad, los familiares le recuerdan constantemente que su éxito se lo debe a ellos y por ello siente rencor.

Posición 3

23 a 24 años
Carta n.º 76 Repartir

Deidad egipcia
La Balanza.Medida justa.

Significado adivinatorio
Trabajas mucho, das mucho, quieres todo y a cambio tienes menos, pero ése es el momento que te toca vivir.

Eterna trascendencia
«Naciste para dar y ser recordado».

Interpretación
Momento de lucha profesional para ayudar a la familia. Gracias al consultante mejora el trabajo, aunque no le reconozcan el esfuerzo.

Posición 4

25 a 26 años
Carta n.º 39 El Testamento

Deidad egipcia
Amset. Protectora del hígado.

Significado adivinatorio
Es la herencia, el testamento, el matrimonio tardío, los viajes de placer. Las fiestas, celebraciones, todo aquello que se comunica.

Eterna trascendencia
«El mundo te admite».

Interpretación
La familia deja el negocio en manos del consultante. Cree que ha llegado el momento de pensar en una estabilidad sentimental. Su estado es de entera satisfacción porque se han valorado sus esfuerzos.

Posición 5

27 a 28 años
Carta n.º 22 El Loco

Deidad egipcia
Neith. Aciertos.

Significado adivinatorio
Se vuelve al pasado, pero ya se ha cambiado y todo es distinto, ahora comprendes el ayer, pero el ayer sigue sin comprenderte. Tu suerte está en tu nueva vida.

Eterna trascendencia
«Nada es distinto, nada es igual, todo es permanente».

Interpretación
El consultante ha madurado, ahora es independiente y comprende el pasado. Lucha por un futuro. Está en paz consigo mismo.

Posición 6

29 años
Carta n.º 7 El Carro

Deidad egipcia
Anubis. Protector. Justicia.

Significado adivinatorio
Satisfacción. Salvar el honor. Viajar, rapidez en las vivencias, no habrá tiempo de vacíos, de soledad, pero conquistarás tu honra y la gloria vendrá después.

Eterna trascendencia
«Por una vez serás tú el Dios».

Interpretación
Nuevas personas, nuevos amigos. Época próspera. Ayuda a los necesitados. Nuevo concepto de la vida. Éxito y fama gracias al esfuerzo.

Posición 7

30 años
Carta n.º 25 La Conquista

Deidad egipcia
Nun. El caos.

Significado adivinatorio
Cambio de país, de ciudad, de casa, de trabajo. Nuevo amor. Nueva época. Nuevos amigos. Se comienza una nueva vida, pero se pierde la que tenía.

Eterna trascendencia
«El éxito en la aventura».

Interpretación
Llega una nueva etapa en la que el amor es el protagonista. Aparece una persona a nivel sentimental que conoce en un país extranjero. El consultante comienza una nueva etapa profesional, arriesgando todo lo que había logrado. Cambio de país.

TERCERA FILA: 31 A 40 AÑOS

Posición 1

31 años
Carta n.º 70 El Equipo

Deidad egipcia
Escarabajo. Vitalidad.

Significado adivinatorio
No estás solo, en tu barco hay varios que persiguen tus mismos objetivos. Si se trata de una herencia, todos cooperarán para que vaya bien. Si es amor, serás correspondido.

Eterna trascendencia
«Preocuparse ahora es un error».

Interpretación

El amor es correspondido. El consultante es feliz. El trabajo es favorable. Los amigos cooperan.

Posición 2

32 a 33 años

Carta n.º 75 La Vida

Deidad egipcia

Corona. Herencia.

Significado adivinatorio

Adquieres riqueza pero la das y la compartes con los que te rodean. Los honores son merecidos. Los amigos te quieren, el amor te ama, los hijos te respetan y tú les correspondes con humildad.

Eterna trascendencia

«Tienes el segundo de los siete dones de la naturaleza».

Interpretación

Época próspera a nivel económico; la posición social mejora. El consultante es hombre de honor y su felicidad es correspondida por los que ama. Nacimiento de un hijo.

Posición 3

33 a 34 años
Carta n.º 65 La Enseñanza

Deidad egipcia
Lobo. Rapidez.

Significado adivinatorio
Pronto tendrás una época en la que encontrarás tu camino, que pondrá en marcha la rueda de tu destino. Es tiempo de espera. Grandes sorpresas te esperan. Eres el elegido.

Eterna trascendencia
«Pronto dejarás de ser quien eres».

Interpretación
Momento feliz, en el que el destino descubre una opción de cambio señalada por las cartas que preceden.

Posición 4

35 a 36 años
Carta n.º 63 La Unión

Deidad egipcia
Mano. Pacto.

Significado adivinatorio
Es la unión matrimonial basada en los cánones tradicionales, papeles, legalidad. Se transmite públicamente. Es por amor, ése es el fundamento de la unión. Si representa el trabajo es la sociedad perfecta.

Eterna trascendencia

«Dos personas unidas, juntas en la vida, separadas por la mediocridad».

Interpretación

El matrimonio, los papeles, la legalidad. La Unión. Nueva sociedad profesional. Mentalidad más amplia ante la vida.

Posición 5

37 a 38 años

Carta n.º 61 El Aislamiento

Deidad egipcia

Planeta. Lugar.

Significado adivinatorio

Es una situación forzosa porque las circunstancias empujan a una separación de amigos, amor, familia (dependerá de las cartas que la rodeen). El consultante atraviesa una situación de soledad y no puede obtener ayuda de nadie. Sólo el tiempo reconstruirá su alma.

Eterna trascendencia

«El tiempo está a tu favor, aunque el dolor parezca eterno».

Interpretación

Una enfermedad impide el progreso. El consultante se encuentra impotente ante esta nueva situación.

Posición 6
39 años
Carta n.º 59 Descubrimiento

Deidad egipcia
Rayo. Poder.

Significado adivinatorio
Se descubrirán nuevos datos que darán lugar a un cambio en el futuro. Viajes que te traerán contactos con personas nuevas de importancia fundamental en tu vida. Es el momento de saber y sentir. Aprender para el futuro.

Eterna trascendencia
«Los sentidos marcarán una nueva etapa en tu capacidad de comprender».

Interpretación
El consultante está restablecido y ha descubierto que lo importante es vivir. Sus asuntos dan un giro y a nivel profesional busca nuevas personas para conseguir una mayor tranquilidad que le permita conocer otras cosas.

Posición 7
40 años
Carta n.º 30 El Comercio

Deidad egipcia
Vazita. Protectora de la tierra.

Significado adivinatorio

La sociedad, el comercio marítimo y terrestre, la comunicación, los amigos, los *hobbies*. Es el acto comercial que trae negocios materiales. Es el extranjero y la distancia. La fortuna que es nuestra. Es una carta favorable en todos los sentidos. La suerte nos sonríe.

Eterna trascendencia

«Aprovecha tu suerte, ¿quién sabe cuánto durará?».

Interpretación

El consultante consigue sus propósitos. Su fortuna no necesita de su plena dedicación para que continúe. La suerte le sonríe.

CUARTA FILA: 41 A 60 AÑOS

Posición 1

41 años

Carta n.º 26 La Suerte

Deidad egipcia

Nut. El cielo.

Significado adivinatorio

Se comienza un camino creativo que se combina con el trabajo habitual, es el medio de liberarse de lo que oprime. Solución frente a los problemas. Una persona entra en tu vida, te ayudará y te enseñará. No será para siempre, pero será importante. Nuevas creaciones, nuevas ideas a través de *hobbies* y amistades.

Eterna trascendencia
«La búsqueda es objeto de evolución».

Interpretación
Se comienza un *hobbie* muy importante. Entra en un período creativo durante el cual el consultante disfruta y comprende la vida. Amistades positivas que ayudan en todo este proceso de cambio.

Posición 2
41 a 42 años
Carta n.º 47 La Conclusión

Deidad egipcia
Osiris-Lunus. El inconsciente.

Significado adivinatorio
Momento decisivo en tu vida. Te decides por un trabajo, por la familia, por la pareja. Pero te diriges hacia la estabilidad deseada.

Eterna trascendencia
«Tus pensamientos concluyen con una forma de actuar, adelante».

Interpretación:
El consultante convierte su *hobbie* en profesión. Dedica su tiempo a las actividades que le gustan.

Posición 3
42 a 43 años
Carta n.º 72 Lo Digno

Deidad egipcia
Pez. Valor purificador.

Significado adivinatorio
Es el momento de pagar deudas y saldar restos del pasado. Tu reencuentro con los fantasmas es necesario y liberador. Al final encontrarás tu paz inquebrantable. Triunfo.

Eterna trascendencia
«Aprovecha la oportunidad y deja claro todo lo que te preocupa».

Interpretación
Reencuentro con la familia o personas del país de origen. Momento para corregir malentendidos. Época de estabilidad.

Posición 4
45 a 50 años
Carta n.º 60 El Avance

Deidad egipcia
Carnero. Dulzura.

Significado adivinatorio
Es una época de aprendizaje donde se sufre para poder evolucionar. El plano puede ser material o espiritual, dependerá de las cartas que la rodean.

Eterna trascendencia

«Ser mejor no es tener más suerte sino vibrar en una escala superior en un mundo inferior».

Interpretación

El consultante entra en contacto con filosofías espiritualistas. Necesita aprender y comprender la existencia universal.

Posición 5

51 a 54 años

Carta n.º 1 El Mago

Deidad egipcia

Osiris. La verdad.

Significado adivinatorio

Dominio y buena fortuna en cualquier situación. El consultante es un ser brillante y los demás le tienen celos; la suerte le sonreirá, pero habrá quien lo considere injusto, pero no importa porque él saldrá triunfante y quienes no sientan simpatía tampoco lo exteriorizan porque le temerán.

Eterna trascendencia

«La suerte en tu camino».

Interpretación

El consultante es feliz, tiene enemigos pero no le pueden hacer nada. La suerte le sonríe.

Posición 6

56 a 58 años
Carta n.º 19 El Sol

Deidad egipcia
Geb. La Tierra.

Significado adivinatorio
Felicidad que se comparte. Amigos que nos quieren, amor que nos admira, la vida es un lugar hermoso.

Eterna trascendencia
«Vives en paz con los hombres y con los dioses».

Interpretación
En amor es correspondido. Los amigos le respetan, la riqueza le respalda. La popularidad es reconocida. Hombre feliz.

Posición 7

58 a 60 años
Carta n.º 5 El Hierofante

Deidad egipcia
Seth. Tinieblas, oscuridad.

Significado adivinatorio
Reencuentro con el pasado. Pensamientos sobre el ayer que se pretende sea mejor que el presente. Por eso la enseñanza es una forma de distrac-

ción. Viajes buscando orígenes. Actitudes vacías y sin sentido con los amigos. Oscuridad dentro de uno mismo disfrazada de excusa.

Eterna trascendencia
«Corre, te lo exige el miedo, pero no se lo cuentes a nadie».

Interpretación
Época difícil durante la cual el consultante tiene una crisis personal al enfrentarse con su vejez. Viaja, se mueve y huye de las personas que le quieren. A su mente afloran los temores sin sentido.

QUINTA FILA: 65 A 83 AÑOS

Posición 1
65 años
Carta n.º 36 La Guerra

Deidad egipcia
Bast. El amor, la guerra, la vida.

Significado adivinatorio
El iniciado alcanzará lo que se proponga. El éxito en cualquier empresa. El triunfo económico, social y amoroso. Vas a hacer un cambio favorable en tu vida.

Eterna trascendencia
«Es el momento de volar».

Interpretación

Época de cambio; el consultante admite su realidad y supera la crisis. Las aguas vuelven a su cauce.

Posición 2

70 años

Carta n.º 58 La Cautela

Deidad egipcia

Estrella. Luz.

Significado adivinatorio

Harás las paces contigo y con los demás. Observarás la realidad de todo cuanto te rodea y tendrás la suerte de cambiar lo que está mal.

Eterna trascendencia

«Se acabaron las tormentas del pasado».

Interpretación

El consultante ayuda a sus hijos, les da consejos, lo escuchan, es respetado.

Posición 3
75 años
Carta n.º 52 La Planificación

Deidad egipcia
Mono. Habilidad.

Significado adivinatorio
Acto que nos llevará a conseguir un fin, las cartas que la rodean marcarán el qué. Pero siempre es el consultante el que provoca.

Eterna trascendencia
«Tú eres el rey terrenal».

Interpretación
La familia cuida al consultante, le respeta, vive feliz y contento.

Posición 4
80 años
Carta n.º 44 La Solución

Deidad egipcia
Renpu. Renovación.

Significado adivinatorio
La claridad, el consejo del amigo, la luz, las soluciones mentales. Las recompensas materiales. La mente y el espíritu son amigos. Estás y vives en paz.

Eterna trascendencia
«Disfruta de lo ganado».

Interpretación
El consultante está y vive en paz. No hay ningún problema que le inquiete.

Posición 5

81 años
Carta n.º 16 La Destrucción

Deidad egipcia
Ra. Vida.

Significado adivinatorio
El impacto, esperado o provocado. Es la reacción lógica de una suma de causas que se han escapado a nuestro entendimiento, pero no a nuestro corazón. Será bueno el resultado si lo que se arrastra es positivo, si no, es una gran destrucción.

Eterna trascendencia
«Lo que necesitabas para liberarte era llegar a este momento».

Interpretación
La vejez cobra su tributo al consultante. Sus fuerzas físicas flaquean, pero la conciencia está tranquila.

Posición 6

82 años
Carta n.º 55 El Duelo

Deidad egipcia
Chacal. Astucia.

Significado adivinatorio
Has vendido tu espíritu por cosas materiales, has sido débil y lo sabes. No duermes, no respiras, no sabes cómo te llamas y si no lo reparas, tu sufrimiento irá en aumento.

Eterna trascendencia
«Sufriendo aprenderás a ser valiente».

Interpretación
La salud se debilita. El consultante piensa en los errores cometidos.

Posición 7

83 años
Carta n.º 78 El Renacer

Deidad egipcia
Cetro. Mando.

Significado adivinatorio
Es buena tu suerte para ti que has llegado al final de tus conquistas y puedes explicarlas. Es el momento de comenzar a buscar nuevos horizontes.

Eterna trascendencia
«Has alcanzado la séptima ley de la naturaleza: el triunfo».

Interpretación
Muerte dulce, sin sufrimiento, sin enterarse. El fin.

LECTURA DE LA PIRÁMIDE

En los momentos críticos, cuando nuestros objetivos están en pugna con nuestros sentimientos, reina la confusión y comprender nuestras posibilidades de éxito frente al futuro no es tarea fácil, pero ser conscientes de nuestras limitaciones es el único camino para intentar cambiarlo. La lectura de la pirámide clarifica los pensamientos del consultante y le ayuda a comprender el potencial que posee para conseguir sus objetivos, dándole la posibilidad de que los dioses le concedan la ayuda que necesita, si es capaz de seguir el camino de evolución indicado por ellos. Por encima de los proyectos del consultante siempre está el destino kármico, invariable, como consecuencia de nuestras vidas anteriores. El Karma se puede superar evolucionando. Por el contrario, si creamos un Karma negativo aumentarán los obstáculos en nuestra existencia.

EXPLICACIÓN DE LA LECTURA

La lectura se realiza sobre trece cartas cuya disposición se asemeja a una pirámide, de ahí su nombre. Las cartas se distribuyen en tres hileras de cuatro cartas cada una formando un triángulo y una carta central que será la número trece y última.

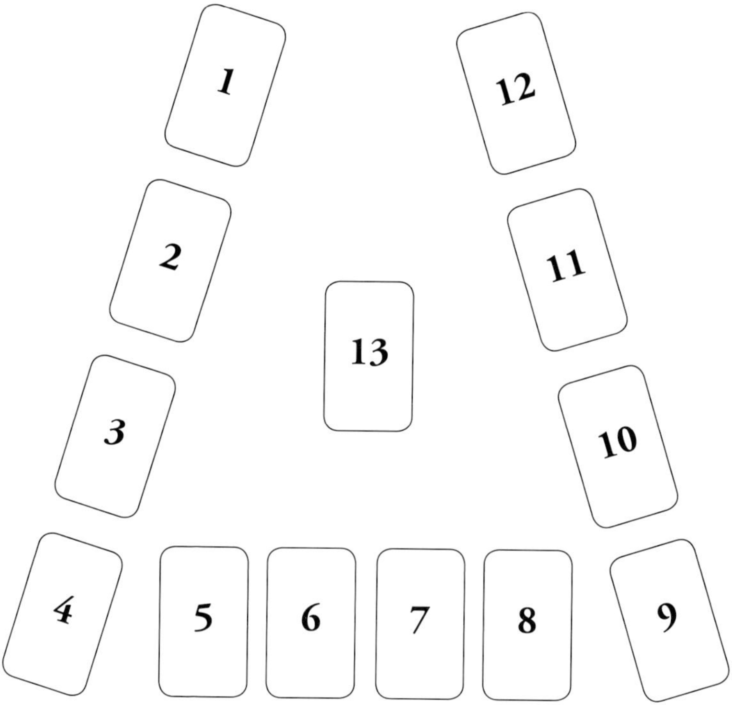
1
12
2
11
13
3
10
4
5
6
7
8
9

Primera hilera

Corresponde a las posiciones 1, 2, 3 y 4. Significa lo más importante que en estos momentos el consultante quiere conseguir.

Segunda hilera

Forma la base del triángulo con las posiciones 5, 6, 7 y 8. Nos habla del talento que posee el consultante para conseguir lo que se propone.

Tercera hilera

Corresponde a las posiciones 9, 10, 11 y 12. Nos indica la opinión que los dioses tienen del consultante y si le apoyarán o no en su proyecto.

Carta n.º 13

En posición central, se refiere al destino del consultante en esta vida y refleja aquello que conseguirá seguro, quiera o no quiera.

EJEMPLO PRÁCTICO

Una mujer de 30 años que está en un momento de confusión, busca respuestas consultando el Tarot Egipcio, mediante la lectura de la página siguiente.

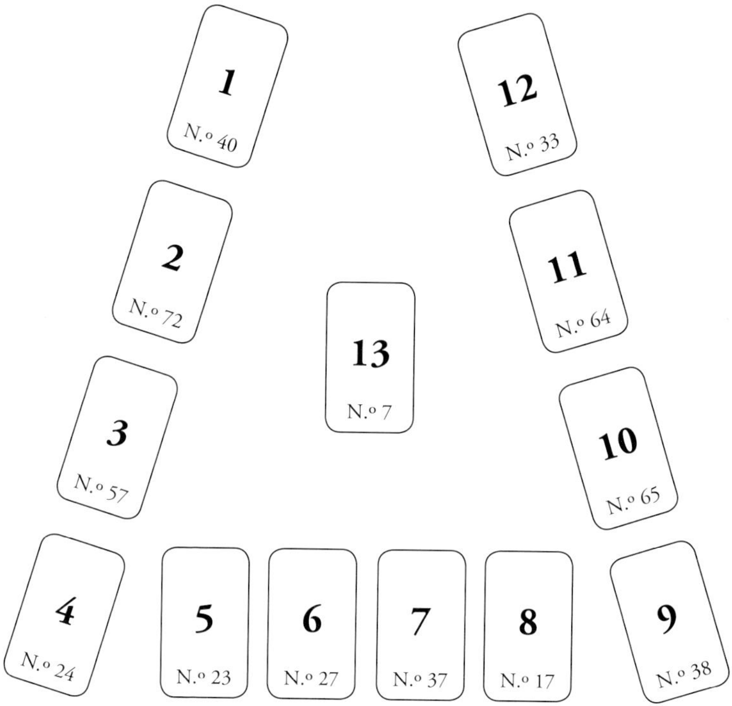
1
N.º 40
2
N.º 72
3
N.º 57
4
N.º 24
5
N.º 23
6
N.º 27
7
N.º 37
8
N.º 17
9
N.º 38
10
N.º 65
11
N.º 64
12
N.º 33
13
N.º 7

PRIMERA HILERA

Lo más importante para el consultante en esta vida.

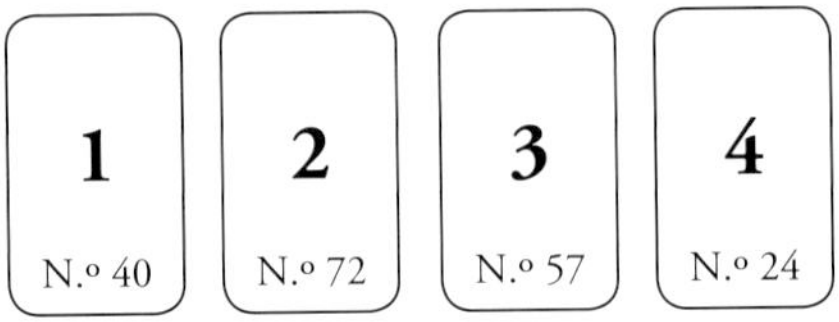

Posición 1
Carta n.º 40 La intuición

Representación numerológica: 40 = 4
Es la forma, los cuatro elementos: aire, agua, fuego, tierra. La manifestación terrenal. El poder, la fuerza. El *tetragrámmaton* de cuatro letras. El cuadrado perfecto, *el tetraktys,* el *no ser* ilimitado y absoluto. Raíz del todo.

Correlación astrológica
Planeta Urano. La intuición, la clarividencia, el instinto, las sensaciones.

Letra hebrea
Dáleth. Poder.

Deidad egipcia
Renenut. Protectora del crecimiento.

Significado adivinatorio

La intuición comparece. El instinto manda. El dinero se te da porque te pertenece. No hay engaño, no hay doblez. Sólo sensatez para tomar decisiones.

Eterna trascendencia

«Tendrás que decidir sabiamente».

Interpretación

Momento de gran claridad de ideas en el que la consultante decide lo que quiere hacer con su vida.

Posición 2

Carta n.º 72 Lo Digno

Representación numerológica: 72 = 9

Nueve meses de gestación. El estado de espera, la etapa final. Lo absoluto y relativo. Lo concreto fusionado con lo abstracto. La cima final, la más dolorosa, el recuerdo más vivo, el fin justifica los medios. La iluminación interna.

Correlación astrológica

Planeta Marte. La belleza y el amor distinguen conjuntamente con la fuerza terrenal.

Letra hebrea

Teth. Compensación.

Deidad egipcia
Pez. Valor purificador.

Significado adivinatorio
Es el momento de pagar deudas y saldar restos del pasado. Tu reencuentro con los fantasmas es necesario y liberador. Al final encontrarás tu paz inquebrantable. Triunfo.

Eterna trascendencia
«Aprovecha la oportunidad y deja claro todo lo que te preocupa».

Interpretación
La consultante se propone ir en busca de las situaciones que en el pasado quedaron inacabadas y terminarlas.

Posición 3
Carta n.º 57 La Defensa

Representación numerológica: 57 = 12 = 3
Regeneración de la naturaleza. El hijo nacido del padre y de la madre, es la *consecuencia.* Es el símbolo de lo divinizado, con las tres partes: creación, equilibrio y destrucción. La fecundidad. El logos. El triángulo.

Correlación astrológica
Planeta Júpiter. Ataques de los enemigos que obligan a la defensa.

Letra hebrea
Ghímel. Dinamismo.

Deidad egipcia
Serpiente. Cautela.

Significado adivinatorio
Oposiciones, competencias, luchas interminables. El único camino es luchar y defenderse. Soledad.

Eterna trascendencia
«Eres valiente y sólo sabes luchar».

Interpretación
La consultante se siente incomprendida en su forma de actuar; es como si estuviera sola y sin amigos. Intentará corregir las situaciones del pasado.

Posición 4
Carta n.º 24 La Actividad

Representación numerológica: 24 = 6
La triple forma, el triple espíritu, la serpiente que se muerde la cola, el círculo y el camino, la inversión del nueve. La estrella de seis puntas, el sello de Salomón, la verdad en todas sus manifestaciones terrenales.

Correlación astrológica
Planeta Venus. Es la abnegación para subsistir con alegría. El conformismo con sacrificio.

Letra hebrea
Vau. Ley

Deidad egipcia
Tefnu. «Lo que ha de venir».

Significado adivinatorio
El trabajo, la economía, la prudencia. La protección para el débil. Pensar para un futuro. Reformas de la casa. Amistad con los vecinos. Época próspera.

Eterna trascendencia
«Hoy luchas y guardas para el futuro».

Interpretación
Pretende reconciliarse con el mundo y crea una nueva situación. No espera grandes éxitos, sólo tranquilidad de espíritu.

SEGUNDA HILERA

Talento que posee el consultante para conseguir lo que se propone.

5	6	7	8
N.º 23	N.º 27	N.º 37	N.º 17

Posición 5

Carta n.º 23 El Comienzo

Representación numerológica: 23 = 5
La mente, el quinto pedestal, el espíritu mental, la pirámide, el pentagrama, la estrella de cinco puntas, el hombre, la nada.

Correlación astrológica
Planeta Mercurio. Es la actuación mental positiva que marcará años futuros. Los actos que perduran.

Letra hebrea
He. La iniciación.

Deidad egipcia
Nekhbet. La inteligencia.

Significado adivinatorio
Es el cambio que dará frutos. El cambio de vida del hombre que busca la paz. Es el aprovechamiento de todo lo que se ha conocido y aprendido. El cambio de casa, de vida. El hijo. La semilla que se siembra.

Eterna trascendencia
«Hoy tienes el resultado».

Interpretación
La consultante posee la perseverancia de la mujer de honor, capaz de trasformar su «forma» para conseguir la paz.

Posición 6
Carta n.º 27 Imprevisible

Representación numerológica: 27 = 9
Nueve meses de gestación. El estado de espera, la etapa final. Lo absoluto y relativo. Lo concreto fusionado con lo abstracto. La cima final, la más dolorosa, el recuerdo más vivo, el fin justifica los medios. La iluminación interna.

Correlación astrológica
Planeta Marte. Los cambios. La destrucción para construir, el cambio imparable.

Letra hebrea
Teth. Es la compensación.

Deidad egipcia
Tefnet. El vacío.

Significado adivinatorio
La sorpresa en su grado mayor. Descubrimientos sobre los demás. Cuidado con las traiciones que amenazan nuestras emociones; nosotros podemos tomar una decisión equivocada y precipitada. Hay que afrontar la situación aunque nos cueste.

Eterna trascendencia
«Piensa fríamente; el orgullo tiene un precio muy alto».

Interpretación
La consultante tiene sentimientos humanitarios pero sabe reconocer las facetas negativas del ser humano, y es capaz de afrontar situaciones dolorosas con valentía.

Posición 7

Carta n.º 37 El Saber

Representación numerológica: 37 = 10 = 1
Es la unidad, la esencia primitiva, el punto no manifestado, el padre, el poder creador, lo masculino. «La luz que invade todo y todo vuelve a su punto de origen». Pureza. Armonía.

Correlación astrológica
Planeta Sol. *Hobbies,* entendimiento. Nuevas amistades. Nuevos placeres. Búsqueda de compensaciones.

Letra hebrea
Áleph. Guía.

Deidad egipcia
Atum: La causa.

Significado adivinatorio
El comienzo de una actividad paralela a la profesional que trae la llegada de nuevas amistades. Se intentará destacar en este *hobbie,* pero los medios pueden ser edificantes o destructivos (dependerá de las cartas que rodean a ésta).

Eterna trascendencia
«Cuida la forma porque éste será tu sello».

Interpretación
La consultante sabe manejar los hilos invisibles de la manipulación para conseguir sus propósitos. En este caso, todo ello se refiere al reencuentro con los fantasmas del pasado.

Posición 8

Carta n.º 17 El Destino

Representación numerológica: 17 = 8.
La polaridad masculina y femenina en el mundo inmaterial. La recompensa por redimirse de los placeres materiales. La fuerza superior del hombre ha vencido a la inferior. La conciencia es la reina.

Correlación astrológica
Saturno exaltado en Libra. «Toda causa tiene su efecto, todo efecto tiene su causa; todo sucede de acuerdo con la Ley; la suerte no es más que el nombre que se le da a una ley no conocida; hay muchos planos de causalidad, pero nada escapa a la Ley». *Kybalion.*

Letra hebrea
Phe. Fe. Aliento.

Deidad egipcia
Khunum. Creación, inicio.

Significado adivinatorio
El destino, el que te libera dándote un nuevo camino. Es el momento de vivir, no temas, los dioses te protegen. Ahora nacerán nuevas expectativas que marcarán años futuros de tu existencia.

Eterna trascendencia
«Los Dioses están a tu favor».

Interpretación
Es el momento decisivo. Ahora y no ayer, tampoco sucederá mañana, porque los Dioses dicen sí y te dan el camino para actuar, es tu momento: *el destino.*

TERCERA HILERA

Opinión de los dioses sobre la consultante.

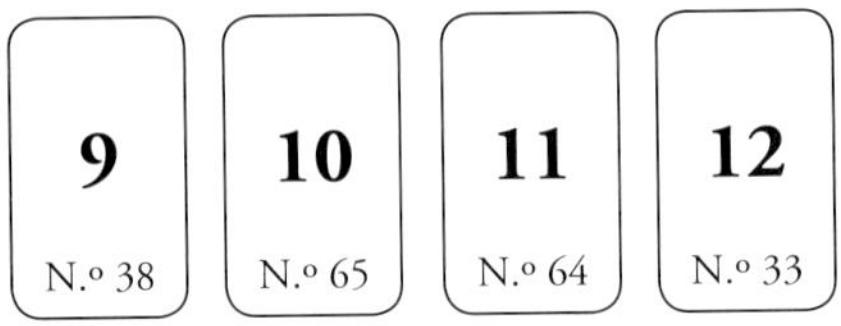

Posición 9

Carta n.º 38 La Infidelidad

Representación numerológica: 38 = 11 = 2
La dualidad positiva y negativa. Lo femenino. La Madre divina. Lo opuesto de la naturaleza, el bien y el mal. El binario, el estado impuro. Es el contraste. Los pitagóricos defendían la teoría de que cuando el primer ser se separó de la mónada se convirtió en estado imperfecto el bien y el mal se dividieron.

Correlación astrológica
Planeta Luna. La infidelidad, el engaño, la coartada, la mentira inteligente.

Letra hebrea
Beth. Ensoñación.

Deidad egipcia

Meskenet. Protectora de los partos.

Significado adivinatorio

Vida doble. Secretos. Cosas que esconder. Amantes, vicio, corrupción. Deshonor. Es el pozo oscuro del que sólo los muy sagaces saben salir.

Eterna trascendencia

«Vigila, observa, piensa».

Interpretación

Los dioses afirman que la consultante tiene que superar duras pruebas para merecer el éxito, pero le dan una oportunidad.

Posición 10

Carta n.º 65 La Enseñanza.

Representación numerológica: 65 = 11 = 2

La dualidad positiva y negativa. Lo femenino. La madre divina. Lo opuesto de la naturaleza, el bien y el mal. El binario, el estado impuro. Es el contraste. Los pitagóricos defendían la teoría de que cuando el primer ser se separó de la mónada se convirtió en un estado imperfecto en el que el bien y el mal se dividieron.

Correlación astrológica

Planeta Luna. Conocimiento, enseñanza, docencia.

Letra hebrea
Beth. Ensoñación.

Deidad egipcia
Lobo. Rapidez.

Significado adivinatorio
Pronto tendrás una época en la que encontrarás tu camino, que pondrá en marcha la rueda de tu destino. Es tiempo de espera. Grandes sorpresas te esperan. Eres el elegido.

Eterna trascendencia
«Pronto dejarás de ser quien eres».

Interpretación
Los dioses han elegido a la consultante para que se cumpla el Destino. Es el elegido.

Posición 11

Carta n.º 64 Condescendencia

Representación numerológica: 64 =10 = 1
Es la unidad, la esencia primitiva, el punto no manifestado, el padre, el poder creador, lo masculino. «La luz que invade todo y todo vuelve a su punto de origen». Pureza. Armonía.

Correlación astrológica
Planeta Sol. Condescendencia y admisión a la espera de lograr tus fines.

Letra hebrea
Áleph. Guía.

Deidad egipcia
Búho. Observación.

Significado adivinatorio
La sabiduría medirá tus actos. La gente confía en ti. Tu vida no es un edén, pero la admites y eres capaz de luchar. Sabes vivir y comprendes tus limitaciones, no hay contradicciones en tu alma.

Eterna trascendencia
«Has aprendido después de muchos errores».

Interpretación
Los dioses conceden a la consultante la claridad de ideas y apuestan a favor de su capacidad de lucha.

Posición 12

Carta n.º 33 Los Pactos

Representación numerológica: 33 = 6
La triple forma, el triple espíritu, la serpiente que se muerde la cola, el círculo y el camino, la inversión del nueve. La estrella de seis puntas, el sello de Salomón, la verdad en todas sus manifestaciones terrenales.

Correlación astrológica
Planeta Venus. El pacto, el casamiento, la sociedad, todo ello tiene como base la sinceridad y el altruismo.

Letra hebrea
Vau. Ley.

Deidad egipcia
Hapi. Suerte.

Significado adivinatorio
El amor maduro, el real, el auténtico, el legal. Época de amor, época de felicidad.

Eterna trascendencia
«Disfruta del don de los dioses y consérvalo».

Interpretación
Los dioses otorgan la felicidad a la consultante, al final del camino.

Posición 13

Carta n.º 7 El Carro

Representación numerológica: 7
Es el número mágico. La magia del sentimiento y la nueva creación. Siete notas musicales. Siete colores. Los siete días de la creación del mundo. Siete iniciaciones diferentes. Siete poderes mentales. Siete culminaciones. Los mundos materiales caminan hacia los inmateriales. Son los cambios imparables en los ciclos de la vida.

Correlación astrológica

Neptuno en Piscis. Idealista sutil, innovador creativo, espiritual y sensible. Se encuentra en las causas perdidas y en el dolor. Su fuerza espiritual es la fe en un ideal o en sí mismo.

Letra hebrea

Zaïn. Es el triunfo misterioso. El elegido.

Deidad egipcia

Anubis. Protector. Justicia.

Significado adivinatorio

Satisfacción. Salvar el honor. Viajar, rapidez en las vivencias, no habrá tiempo para vacíos ni soledad; pero conquistarás tu honra y la gloria vendrá después.

Eterna trascendencia

«Por una vez serás tú el Dios».

Interpretación

El Destino favorece a la consultante para que después de muchos conflictos llegue a la felicidad que se saborea con la honradez y la estima de los que la rodean.

LECTURA DEL FUTURO DE LOS PRÓXIMOS DOS AÑOS

Esta lectura se utiliza para temas concretos en los que intervienen varias personas, por ejemplo: el futuro de una empresa o el futuro de una familia. Se trabaja con siete cartas, porque este número es un elemento mágico para encontrar respuesta en un futuro a largo plazo (superior a seis meses) cuando intervienen varias personas en una misma lectura.

Explicación de la lectura

El objeto de esta lectura es analizar los componentes del tema, y predecir los próximos dos años; puesto que destacará un protagonista principal, la lectura en sus posiciones tiene el siguiente significado:

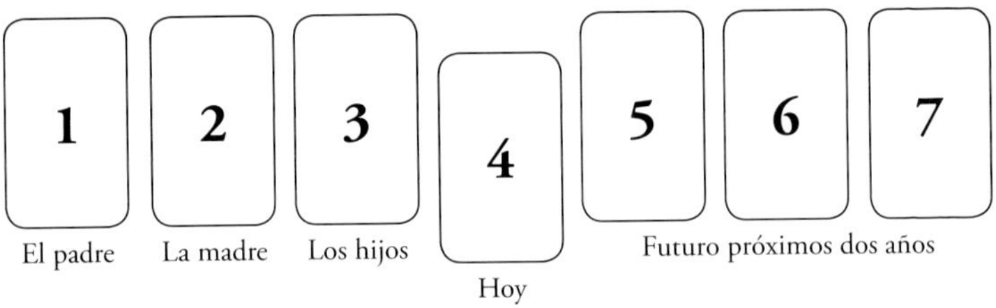

Posición n.º 1:	Corresponde al individuo de más poder; si se refiere a la familia, es el padre.
Posición n.º 2:	Corresponde al individuo de menor o igual poder; en una familia, la madre.
Posición n.º 3:	Corresponde al individuo de menor fuerza; en una familia, los hijos.

Posición n.º 4: Situación actual, tal como transcurre en estos momentos.

Posiciones n.º 5, 6 y 7: Sucesos del futuro. Se refiere a la sucesión de acontecimientos en los próximos dos años.

La *conclusión final* se extraerá a partir del significado numerológico que se obtiene sumando las posiciones 5, 6 y 7, e interpretando en conjunto los significados adivinatorios.

EJEMPLO PRÁCTICO

Rosalía quiere saber el futuro familiar de su casa (esposo e hijos) durante los próximos dos años.

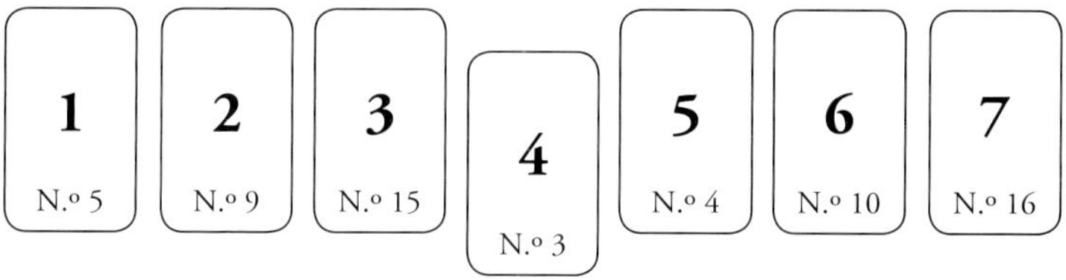

Posición 1

El padre

Carta n.º 5 El Hierofante.

Representación numerológica: 5 = 5

La mente, el quinto pedestal, el espíritu mental, la pirámide, el pentagrama, la estrella de cinco puntas, el hombre, la nada.

Correlación astrológica

Mercurio en Virgo. Polémicos, guerreros mentales, agilidad mental y rapidez de pensamiento. Su necesidad de saber le obliga a conocer en profundidad las tragedias humanas. No temen la soledad. Su fuerza espiritual es su capacidad de razonar, que hace que sepan vivir su verdad interior sin perder su saber en las banalidades humanas.

Letra hebrea

He: Es la iniciación oculta.

Deidad egipcia

Seht: Tinieblas, oscuridad.

Significado adivinatorio

Reencuentro con el pasado. Pensamientos sobre el ayer que se pretende sea mejor que el presente. Por eso la enseñanza es una forma de distracción. Viajes buscando orígenes. Actitudes vacías y sin sentido con los amigos. Oscuridad dentro de uno mismo disfrazada de excusa.

Eterna trascendencia

«Corre, te lo exige el miedo, pero no se lo cuentes a nadie».

Interpretación

Representa al padre: persona esquiva, poco comunicativa, distante. Comprensivo con los extraños pero no con la familia.

Posición 2
La madre
Carta n.º 9 El Ermitaño

Representación numerológica: 9 = 9
Nueve meses de gestación. El estado de espera, la etapa final. Lo absoluto y relativo. Lo concreto fusionado con lo abstracto. La cima final, la más dolorosa, el recuerdo más vivo, el fin justifica los medios. La iluminación interna.

Correlación astrológica
Marte en Aries. La libertad, la defensa, la energía, la estrategia. Se encuentra en batallas mentales o físicas, pero siempre descubriendo su espíritu, nunca en las sombras. Su fuerza espiritual es la energía.

Letra hebrea
Teth: Es el Impenetrable.

Deidad egipcia
Konsu: La espera, la nada.

Significado adivinatorio
La intuición que se encamina hacia un objetivo nuevo, a veces en compañía de alguien trascendental en nuestra vida con quien la compenetración mental es máxima. Cambio de casa, de trabajo, o de la forma externa que te envuelve.

Eterna trascendencia
«Sufrirás, pero lo que buscas encontrarás».

Interpretación

Representa la madre: intenta simular que no ocurre nada. Gran comprensión e intuición.

Posición 3

Los hijos

Carta n.º 15 El Mal

Representación numerológica: 15 = 6

La triple forma, el triple espíritu, la serpiente que se muerde la cola, el círculo y el camino, la inversión del nueve. La estrella de seis puntas, el sello de Salomón, la verdad en todas sus manifestaciones terrenales.

Correlación astrológica

Neptuno exaltado en Leo. «Nada reposa, todo se mueve, todo vibra». *Kybalion.*

Letra hebrea

Sámekh: Es el fuego creador.

Deidad egipcia

Menkeret: La maldad.

Significado adivinatorio

La violencia, la controversia, la maldad, la falsedad, el engaño, la decepción, la obsesión. La traición, el ansia. Los deseos no los consigues.

Eterna trascendencia
«Sufriendo se aprende y se pagan las deudas de este mundo».

Interpretación
Representa los hermanos: si hay hermanos, la relación es nefasta. Si no, puede indicar la ausencia de ellos.

Posición 4

Hoy
Carta n.º 3 La Reina

Representación numerológica: 3 = 3
Regeneración de la naturaleza. El hijo nacido del padre y de la madre es la *consecuencia.* Es el símbolo de lo divinizado, con las tres partes: creación, equilibrio y destrucción. La fecundidad. El logos. El triángulo.

Correlación astrológica
Júpiter en Sagitario. Optimismo, jovialidad, inteligencia, amplitud mental. Las reuniones y fiestas son necesarias para ser feliz. No concibe el mundo sin multitudes. Espiritualmente su fuerza está en el optimismo que es capaz de compartir.

Letra hebrea
Ghímel: Es el dinamismo y la vitalidad.

Deidad egipcia
Neftis: Señora del castillo.

Significado adivinatorio

Es la fuerza de la persuasión. El éxito en las empresas. El dinero que llega. La respuesta a nuestro favor. Es el agradecimiento de los demás a nuestra persona.

Eterna trascendencia

«Tus sueños se realizarán».

Interpretación

Representa el hoy: en la situación familiar actual no hay rencores. Hay un clima de comprensión y agradecimiento.

Posición 5

Sucesos del futuro

Carta n.º 4 El Faraón

Representación numerológica: 4 = 4

Es la forma, los cuatro elementos: aire, agua, fuego, tierra. La manifestación terrenal. El poder, la fuerza. El *tetragrámmaton* de cuatro letras. El cuadrado perfecto, el *tetraktys,* el *no ser* ilimitado y absoluto.

Correlación astrológica

Urano en Acuario. Independencia, originalidad, invención, sin restricciones ni límites. Hasta el fin. Le gusta la improvisación siempre que sea voluntaria. Espiritualmente su fuerza está en su falta de límite en sus creencias, ya que siempre llega a las últimas consecuencias.

Letra hebrea
Dáleth: Es el poder y la autoridad.

Deidad egipcia
Horus: Esperanza en la venganza.

Significado adivinatorio
La constancia traerá la solución. Es el mando de lo que se ha ganado con sangre. La institución, el título, el carisma del propio creador. La lucha que se realiza en el momento de ser atacado.

Eterna trascendencia
«La fuerza no tiene piedad».

Interpretación
La institución de la familia entra en lucha. El padre y la madre tienen notables diferencias.

Posición 6
Sucesos del futuro
Carta n.º 10 La Fortuna

Representación numerológica: 10 = 1
Es la unidad, la esencia primitiva, el punto no manifestado, el padre, el poder creador, lo masculino. «La luz que invade todo y todo vuelve a su punto de origen». Pureza. Armonía.

Correlación astrológica

Plutón en Escorpión. El inicio, el comienzo, la destrucción para la construcción. Se encuentra en las situaciones nuevas en las que el pasado no tiene importancia. Su fuerza espiritual está en su capacidad de renovación.

Letra hebrea

Iod: Es la compensación. Karma.

Deidad egipcia

Mur: La madre.

Significado adivinatorio

Son situaciones que se repiten. La fortuna llama a tu puerta. Si lo que tienes no te pertenece, lo perderás. Si nada tienes, mucho ganarás.

Eterna trascendencia

«Haz que tu moral permanezca intacta o no serás feliz»,

Interpretación

Se repiten situaciones del pasado que se oponen de manifiesto de forma destructiva y constructiva al mismo tiempo. Es momento de cambio imprevisible.

Posición 7

Sucesos de futuro

Carta n.º 16 La Destrucción

Representación numerológica: 16 = 7

Es el número mágico. La magia del sentimiento y la nueva creación. Siete notas musicales. Siete colores. Los siete días de la creación del mundo. Siete iniciaciones diferentes. Siete poderes mentales. Siete culminaciones. Los mundos materiales caminan hacia los inmateriales. Son los cambios imparables en los ciclos de la vida.

Correlación astrológica

Mercurio exaltado en Virgo. «El universo es una creación mental, sostenida en la mente del Todo». *Kybalion.*

Letra hebrea

Ain: Vigilancia. Temporal.

Deidad egipcia

Ra: Vida.

Significado adivinatorio

El impacto, esperado o provocado. Es la reacción lógica de una suma de causas que han escapado a nuestro entendimiento, pero no a nuestro corazón. Será bueno el resultado, si lo que se arrastra es positivo; si no, es una gran destrucción.

Eterna trascendencia

«Lo que necesitabas para liberarte era llegar a este momento».

Interpretación

Momento de destrucción. Las cartas anteriores anuncian desastre; por ello, la interpretación favorece un grave problema que puede apuntar al fallecimiento del padre, ya que la carta anterior era regida por la diosa Mut –la madre que sufre un cambio con posible pérdida– y la carta predecesora, El Faraón, la rige Horus, el vengador del padre.

Para la conclusión

Correlación numerológica de las posiciones 5, 6 y 7.
Cartas n.º 4, n.º 10, n.º 16 = 4 + 10 + 16 = 30 = 3
N.º 3:
Regeneración de la naturaleza. El hijo nacido del padre y la madre es la *consecuencia.* Es el símbolo de lo divinizado con las tres partes: creación, equilibrio y destrucción. La fecundidad. El logos. El triángulo.

CONCLUSIÓN

La regeneración de la naturaleza en el número 3 viene dada tanto por la vida como por la muerte. La institución de la familia en el hoy tiene problemas, cosa que se refleja en un cambio imprevisible y destructivo: la muerte del padre ya que Mut, la Madre, sufre la pérdida y Horus es la esperanza en la venganza.

CÁLCULO DEL TIEMPO

Probablemente lo más difícil de una predicción sea calcular el tiempo en que sucederá un acontecimiento. Sabemos que el Tarot es un método de predicción pero el «cuándo ocurrirá un hecho» también tiene un sistema de cálculo que se halla a través de la ciencia de los números. Existen diversas fórmulas, pero debéis dominar los conceptos básicos para entender cualquier sistema que se ponga a vuestro alcance.

No olvidéis que los números pares son la consecuencia inmediata de los números impares; por esto, las fórmulas descritas en cualquier tratado antiguo hermético parten de los números impares.

Dentro de los números pares o impares existe ordenación:

Impares: 0 - 1 - 3 - 5 - 7 - 9.

Cada cifra tiene como valor cronológico el anterior como número más pequeño y el posterior como número mayor. Ejemplo: el número 1 es más importante cronológicamente que el número 0.

Pares: 2 - 4 - 6 - 8.

No tienen un valor cronológico propio sino que dependen de la fuerza hermética de los impares, siendo aquéllos una consecuencia temporal mayor en los números más altos.

La fórmula que nosotros emplearemos es la más sencilla y práctica; nos apoyaremos en el tiempo mínimo que es *doce* (12).

TIEMPO MÍNIMO - FÓRMULA

Si partimos de los 12 meses que tiene el año, podemos descomponer 12 = 3, que es la unión de la fuerza masculina y femenina, de la solar con la lunar. Es su correspondencia con los 78 Arcanos del Tarot, veremos que 78 = 15 = 6, número básico de la fuerza par incambiable de la que emana el Todo.

Los números impares compuestos terminados en 1 son: 11, 21, 31, 41, 51, 61, 71. Los números del 1 al 10 compuestos con el inicio del 1 indivisible y su componente 0, también indivisible, forman la correspondencia con los números impares compuestos. A excepción del 9 y del 10, cuya correspondencia cronológica es la lista de números impares compuestos terminados en 1, es el 51 = 5 + 1= 6. Una vez más retornamos al número básico.

Ésta es la explicación teórica, que pasada a la práctica es la siguiente:

Números matriz = A los Arcanos Mayores del 1 al 10.
Tiempo mínimo = 12 meses.
Números impares compuestos = 11, 21, 31, 41, 51, 61, 71.
Número básico = 6 que se corresponde con 51 = 6.

FÓRMULA

Número matriz x Tiempo mínimo – Números impares compuestos
= Tiempo calculado.

TABLA DE CLASIFICACIÓN

1 x 12 – 11 = 1 mes
2 x 12 – 11 = 13 meses
3 x 12 – 21 = 15 meses
4 x 12 – 31 = 17meses
5 x 12 – 41 = 19 meses
6 x 12 – 51 = 21 meses
7 x 12 – 61 = 23 meses
8 x 12 – 71 = 25 meses
9 x 12 – 51 = 57 meses
10 x 13 – 51 = 79 meses

Nota.– Los números 1 y 2 se corresponden con el compuesto 11, ya que 11 = 2; su descomposición sustancial sigue siendo 1.

El número 51 es empleado en la correspondencia 9 y 10 por ser el correspondiente al número básico.

CARTAS ACTIVAS (De un solo significado)

N.º 24 La Actividad
N.º 25 La Conquista
N.º 26 La Suerte
N.º 28 La Desesperación
N.º 29 La Resignación
N.º 30 El Comercio
N.º 33 Los Pactos
N.º 34 Los Cambios
N.º 51 El Consejo
N.º 53 El Rencor
N.º 55 El Duelo
N.º 56 La Búsqueda
N.º 59 Descubrimiento
N.º 61 El Aislamiento
N.º 62 La Autoridad
N.º 63 La Unión

N.º 35 Las Penas
N.º 39 El Testamento
N.º 41 La Angustia
N.º 46 El Resultado
N.º 47 La Conclusión
N.º 50 Compenetración
N.º 67 La Amistad
N.º 68 El Negocio
N.º 70 El Equipo
N.º 71 La Conservación
N.º 74 Nacimiento
N.º 75 La Vida

CARTAS COMPLEMENTARIAS (DE VARIOS SIGNIFICADOS)

N.º 23 El Comienzo
N.º 27 Imprevisible
N.º 31 Los Problemas
N.º 32 La Generosidad
N.º 36 La Guerra
N.º 37 El Saber
N.º 38 La Infidelidad
N.º 40 La Intuición
N.º 42 La Tenacidad
N.º 43 La Desesperación
N.º 44 La Solución
N.º 45 La Innovación
N.º 48 El Logro
N.º 49 La Dualidad
N.º 52 La Planificación
N.º 54 La Observación
N.º 57 La Defensa
N.º 58 La Cautela
N.º 60 El Avance
N.º 64 Condescendencia
N.º 65 La Enseñanza
N.º 66 La Sorpresa
N.º 69 La Casualidad
N.º 72 Lo Digno
N.º 73 La Obsesión
N.º 76 Repartir
N.º 77 El Desequilibrio
N.º 78 El Renacer

LECTURAS RÁPIDAS

Se emplean en preguntas muy concretas. Dependiendo del tipo de pregunta, la lectura será de una carta o de un máximo de tres; y en todas ellas podemos calcular el tiempo en que se resolverá una situación.

LECTURA DE UNA CARTA

Ante una situación concreta, en la que sabemos que una persona va a perseverar en una actitud, nos interesa conocer durante cuánto tiempo será capaz de mantenerla.

Ejemplo:

N.º 20

El Juicio Final

Descomposición numerológica 20 = 2
2 x 12 – 11 = *13 meses* tardará en cambiar su actitud.

LECTURA DE DOS CARTAS

Se utiliza para conocer cuánto tiempo se prolongará una situación. Siempre se leen las cartas de izquierda a derecha. Igualmente es factible el cálculo numerológico a partir de la suma y descomposición de la correspondencia de cada carta.

Ejemplo:

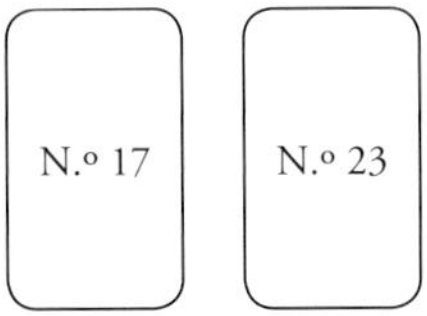

El Destino El Comienzo

17 + 23 = 40 = 4
4 x 12 – 31 = *17 meses* hasta que finalice.

LECTURA DE TRES CARTAS

Se utiliza para saber cuánto durará un proceso en el que intervienen varias personas. El cálculo del tiempo se aplica de la misma forma que en las lecturas anteriores.

Ejemplo:

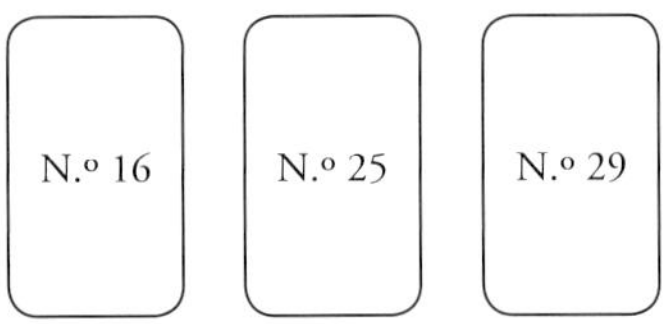

La Destrucción La Conquista La Resignación

16 + 25 + 29 = 70 = 7
7 x 12 – 61 = 23 meses

CARTAS ACTIVAS

Son aquellas que tienen un significado concreto por ellas mismas sin necesidad de relacionarlas con las cartas que las rodean. Deberemos enlazarlo, aunque la lectura sea diferente, con el momento que está viviendo el consultante.

CARTAS COMPLEMENTARIAS

Son las que por tener varios significados deberán ser analizadas en relación a las cartas que las rodean. Serán las cartas activas las que marcarán el significado que se debe utilizar.

ÍNDICE

Capítulo III